坂牛卓
Sakaushi Taku

ANALOGICAL WAY OF OBSERVING ARCHITECTURE

建築を見る技術

晶文社

はじめに

戦後の経済成長によって多くの日本人は住処を確保し、なんとか雨風を凌げるようになった。兎小屋と世界から揶揄されようと、昭和の時代に住は衣食とともに広く行き渡った。衣食住で時間差はあるが、その後日本人にとって衣食住は生きるための必要条件から、楽しむ対象へと変化してきている。それが証拠に数多くの建築一般誌（例えば『カーサ・ブルータス』など）が本屋には溢れ、売れている。楽しい建築があれば行って、見て、使って、気持ち良い時間を過ごしてくるというのは、老若男女の日常になっている。

しかしどうもまだ生活の楽しみの主役となるのはファッション、料理、アート、雑貨だったりする。衣食住でいえば衣と食が先にある。皆さんが集まって話す話題も建築より昨日食べたランチや今日の服装だったりするのではないだろうか？

しかしそれは人々の関心がそちらに多くあるというよりも、むしろ日本では衣食の方が住より先に人生を楽しむアイテムに格上げされた歴史があるからだと思われる。

出版の歴史を紐解くと、衣食の一般雑誌は比較的早く創刊された。例えばファッションで言えば『装苑』は一九三六年創刊である。当初は洋服をつくるための技術教本だったが、五〇年代くらいから誌上ファッションショーなどが行われ、一般の人を読者に想定し始めている。グルメを対象にしたガイドブックの類は一九六〇年代から七〇年代にかけて多く出版された。

それらに比べると建築の一般誌が売り出されるのは遅い。世紀の変わりめに専門誌が相次いで休刊となり、一般誌が入れ替わるように発刊され始める。前述『カーサ・ブルータス』は一九九八年の創刊である。衣食と住の間の時間差の意味するところは、付加価値を楽しむという意味で費用対効果の高いもの（つまりお手軽なもの）が先に人々に受け入れられたということなのではないかと思っている。そして建築はやっと世紀が変わって付加価値世界に登場してきたのである。

ところで付加価値世界とは何か。付加価値は経済用語で商品やサービスで他の同種のものにはない価値とあるが、ここでは少しそれを広く解釈して、商品やサービスが必要最低限の機能以上に人を喜ばしたり、楽しませたりする能力のこと、と理解しよう。建築においても人が住んだり働いたりする場所としての最低限の機能以上に、住む人、働く人を喜ばしたり、楽しませたりする能力を付加価値と考えよう。現代の建築はこうした能力を持つものが至るところに現れてきた。それが欠けると相対的に物足りないものと感じられるようになった。

そこで建築のそんな楽しい、気持ち良い、喜ばしいということの原因はどこにあるのかを考えてみようと思うにいたった。服や料理においては、かっこいい原因、美味しい原因がどこにあるのかを知ると興味がまた一段と深くなる。それは感覚で得たことに頭が解釈をつけることでその価値が確立するからなのである。同じように建築における原因を知るためにまず建築を見る必要がある。加えて「聴く」「触る」「香る」も重要だ。ただ人間の感覚情報は八割視覚なので、感覚を代表して書名は「見る」とさせていただいた。

ところで建築の見方にはいくつかの種類がある。プロの見方というものがまずある。さらにプロの見方にも三つある。一つは使いやすさや設備の快適さから見る視点で、これを「用」という。次に建物がどの程度地震や台風に耐えられるか、建物の強さから見る視点で、これを「強」という。最後は建物の美しさを見る視点で、これは「美」という。三つ合わせて「用・強・美」といい、ローマ時代から建築を見る（つくる）視点であった。そしてそれぞれには学問分野があり、用は計画学、環境学、強は構造力学、美は美学というものが大学で講じられている。しかし本書は専門家にとっては今までにない見方を身につけるため、そして何より一般の人にとっては身近な事柄を導入にして簡単に「建築を見る技術」を身につけることを目指す本である。

そこでこの本では、建築を何かに「見立て」て、観察する技術を習得することを狙いとした。「見立てる」を一言で言えば、共通の性格を持つ異分野のものを見つけてきて、そこに見出せる性格や考え方を自分の対象を見るのに当てはめるということである。見立てることの意味や意義については序章で詳述するが、とりあえず見立てるテーマやものを選んでみたい。見立てるものには条件がある。それは類似していることである。建築とジャンルが同じ、建築と起源が同じ、建築と効果が同じなどの類似した属性を持っていることが求められる。そんな視点から七つの見立てるものを選んでみた。もしかするともっとあるかもしれないが、誰でもが知っていて簡単なものが良い。

先ず上述した食と衣を選んでみた。建築は衣食住という人間の生活を支える三つの要素の一つである。それら三つは設計図をつくってからそれに則って実物をつくるという共通点がある。そこで衣と食に見立てることにする。二つ目に、建築は人間を自然から守るものとして生まれたその由来に着目する。動物も自然から身を守るために巣をつくる。巣はそこにある自然素材でつくられる。人間も原始そうやって自らの住処をつくっていた。だから住処は自然と近しいはずだ。またその住処は人間を包むものだから、人間の大きさや人間の感覚である暑さ寒さへの耐性などに密接に絡んでいる。そこで人と自然に見立てることを考えた。三つ目に、建築は創作物という意味で、アートや音楽の仲間である。自然素材でつくられていた住処だった建築は、徐々に人々の表現手段となり、芸術にまで上りつめる。表現物同士の類似性に注目して、これらに見立ててみたい。

さて最後にそんなグループのどれにも入らないのだが、どうしてもこのジャンルに見立ててみたいものがある。それは広告である。広告と建築が仲間だと聞くと怪訝に思われる方もいるかもしれないが、どちらも都市には溢れるほどあるものの、その存在を意識することは少ない。広告も建築も、こちらの意識の中に入ってこようとするけれどそう簡単に入ることができない。そんなところがとても似ている。加えて広告と建築が二十世紀の都市の重要な要素だとドイツ出身の哲学者ヴァルター・ベンヤミンは注目した。そこで最後に広告で建築を見立てることにする。

七つの見立ての道具を持てば、今まで見えていた建築が違うものに見えてくることに気が付く。世界が広がったことに驚く。何より建築がもっと楽しいものとして現れるはずである。さあ、本書を持って建築を見に行こう。

目次

創作としてのアート・音楽 147

5章 建築とアートの相互関係 147

6章 建築を見ると音楽が流れる

装丁　松田行正＋倉橋弘（マツダオフィス）
装画　倉橋弘（マツダオフィス）

序章　見る技術としての類推

「はじめに」で紹介した見る技術としての「見立て」は、少し硬い言葉で「類推」と言い換えられる。類推は帰納、演繹と並ぶ推論技術の一つである。「帰納」とはそれまで「こうだ」から次もきっと「こうだ」と考える方法（推論）だ。例えば、太陽は一昨日東から昇った、昨日も東から昇った。だから今日も東から昇るはずだと考えるのが帰納法である。「演繹」は世の中には「こうだ」という決まりがあるから、それに従えばこれも「こうだ」と考える方法だ。例えば、太陽はもはや科学的に東から昇ることがわかっている。だから太陽は今日も東から昇る。こう考えるのが演繹である。そして「類推」はというと、これはあれと「似ている」だからこれにはあれと「同じ」性質があるはずだと考える方法である。例えばシリウスは太陽と同じ恒星である。だからシリウスを構成するガスは太陽のそれと類似するであろう。そう考えるのが類推である。

偉大な科学者たちはこの方法を使って様々な仮説を立てたのである。そうした科学者の一人に今西錦司（一九〇二～一九九二）という著名な生物学者がいる。彼は、生き物は元は一つのものだった。それが派生して今の生き物たちがある。だから生き物Aは生き物Bと同じ性質があると考えることができると言った。そして帰納、演繹、類推の三つの中では類推が最も創造的な推論であると考えた。あのノーベル賞物理学者湯川秀樹（一九〇七～一九八一）もそう言った。

少し湯川秀樹の話を聞いてみよう。

湯川は人間誰でも持っている能力の中で、最も創造的な働きにつながりのあるのは類推だとしてこう説明する。

私たちが、ほかの人たちに、わかりにくいことをわからせようとする場合に、よく使うのは、誰でも熟知していることにたとえて話すというやり方です。…しかしそれだけならまだ本当の創造性の発現とまではいかない。ある人がやさしい例と似ていると思うことによって誰にもわからなかったむつかしいことを理解できたとしたなら、そこではじめて本当に創造性が発現されたと言えるでしょう。

（湯川秀樹『創造的人間』筑摩書房、一九六六）

湯川秀樹は自らの物理学において、既に知られている太陽系の動きを示す模型を使って原子の動きを類推したと述べている。しかし類推を使う時の注意点として、類似しているとは言っても所詮は異なるものだから、何が似ていて何が異なるのかをきちんと理解しないといけないとも記している。

湯川の説明で類推とは何かがわかってきたと思うが、類推が帰納や演繹に比べてなぜ創造的なのかということを湯川は説明していない。そこを考えてみよう。

類推は一種の賭けのようなものだからだと私は思う。何かと似ているという賭けをまずする。その似ているという対象が突拍子もなければないほど、突拍子もない結論が得られる可能性は上がる。しかし同時に全く得られない可能性も高い。つまりハイリスク・ハイリターンということである。

例えば双方有機体だから、人をバナナと似ているという賭けをしてみる。調べていくと、なんとそのＤＮＡは六十％が共通するものなのだそうだ。因みにチンパジーと人間は九十％以上同じだ。

チンパンジーは想定内である。そもそも人間にとても近い動物なのだから。しかしバナナは同じ生き物とは言っても植物である。類似するDNAがあるなんて普通は想像もしない。この普通という常識を壊すのが類推の創造的なところなのである。

今回は建築を見る技術であって何か未知のものを知ろうということではないので、その方法と得られる結果の使い方は原子モデルとは少し違う。ここでの類推は既知のものに今まで見えていない何かを発見する道具である。既知のものをもっと深く（既知ではないところまで）理解する手段である。その理解の深さと幅をここでは創造的と考えてみたい。

既述の通り、一般に建築のプロが建築を見る方法は「用・強・美」というような大学の教科書に出てくるステレオタイプなものが多い。そこでその見方を拡張して、専門外の人だからこそ発見できるようなことを導くために類推を登場させた。七つの賭けの対象は「はじめに」で記した通り、食、ファッション、人間、自然、アート、音楽、広告である。もしかすると建築は服かもしれない。なぜなら建築も服も人を包むという共通点を持っているから。そうすると建築と服はある性質を共有しているはずだと考えられる。そしてその共有している性質は、今までのステレオタイプの建築学が見落としていた、新たな建築の属性である可能性が高い。つまり類推は建築に新しい発見を見出す術なのである。だからこれを「建築を見る技術」として皆さんに提案したいと思う。そしてプロの建築家にとってはこうした見方によって、建築に新しい創造の種を見出すことができると考えている。創造的な仕事をするためには創造的な見方が必要である。それは大学では教えてくれない。自分でつくっていかないといけない。その足がかりとして本書を読み進めていただければ幸いである。

生活必需品としての衣食

1章

料理のように建築を味わう

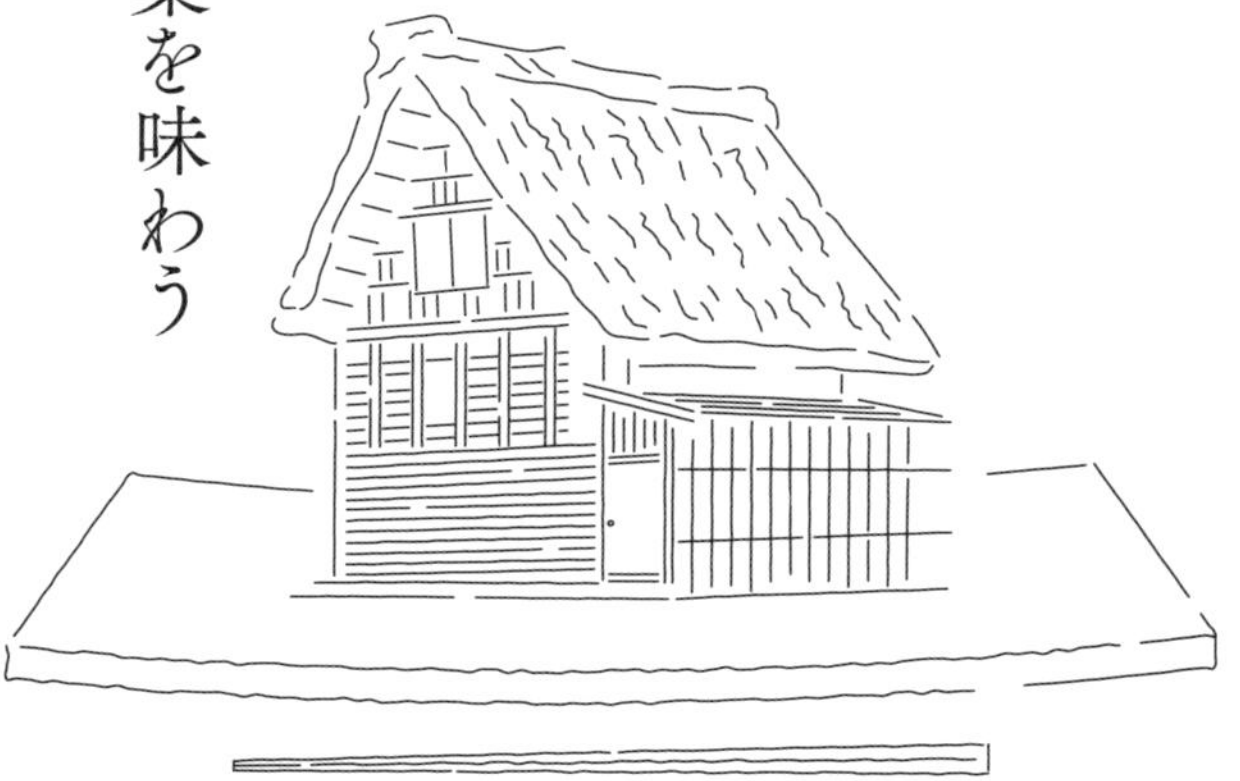

1 設計図とレシピ

本書は建築を何かに見立ててその何かの中にある考え方や姿、形から建築の中に新しい発見をしようという試みである。最初は料理であり、その手始めは設計図である。別に建築や料理じゃなくても人は皆行動に計画を立てるものである。ボヘミアンに生きる人も全くの無計画という人は少ない。まして何かをつくる時には何がしかの計画をするものだ。それが建築なら設計図、料理ならレシピということになる。

図と文章の情報量

さて建築の設計図と料理のレシピは何が同じで何が違うのだろうか。そこで先ず専門家でない人にはあまり馴染みのない建築の設計図というものはどういうものかについてお話ししたい。

建築と言っても小さな一軒家から巨大超高層ビルまでその種類は多い。大きさだけ比較しても一軒家が百平方メートルくらいとして麻布台ヒルズは八十六万平方メートル強ある。一軒家八千六百個分くらいの大きさである。だから設計図の質、量ともにだいぶ違うのだが、根本原則は同じである。

設計図の果たす役割は三つある。一つはその図面でその建物が関係する法律に合致することを証明できること。二つ目はその図面でその建物の建設費が見積もれること。三つ目はその図面でその建物がつくれること。

その意味で一軒家の図面も麻布台ヒルズの図面も同質なのである。そこでもう少し詳しく一軒家の図面について説明しよう。その図面を持ってその建物がつくれるということは、つくる人にとって必要な情報が描かれていないといけない。ところで建築をつくる人とは誰だろうか。それは建物規模に合わせてゼネコンとか工務店とかである。しかし彼らは彼らだけで建物をつくるわけではない。その下に様々な職種の人たちがいる。一軒家でいえば、コンクリートで基礎をつくる人、そのコンクリートの中に鉄筋を入れる人、基礎の上の木の部分をつくる大工さん、柱や梁を組み上げる鳶、建物の外壁をつくる人、内壁をつくる人、ペンキを塗る塗装屋さん、電気配線をしてコンセントや照明器具をつける電気屋さん、空調機をつける空調屋さん、などなど、設計図はこれら全ての人に必要な情報を提供する図なのである。

よって、設計図は大きく三つに分かれている。建物のデザインを描いた意匠図、建物の構造を描いた構造図、建物の設備を描いた設備図、その設備図は空調などの機械図と電気関係の電気図に分かれている。この図面の種類が一軒家と麻布台ヒルズでは同じなのである。それが描かれた内容の同質性である。

しかし規模が違うので図面枚数は全然違う。ちなみに一軒家の図面は拙宅の例をとってみると、意匠図はA2サイズの図面で六十枚（図1-1）、構造図が十七枚、設備図が五枚、全部で八十二枚である。

レシピと比べてみたら圧倒的な量である。それはそうだ。必要となる材料の量、労働の量、手間、時間、すべてが比較にならないほど多いのだから。

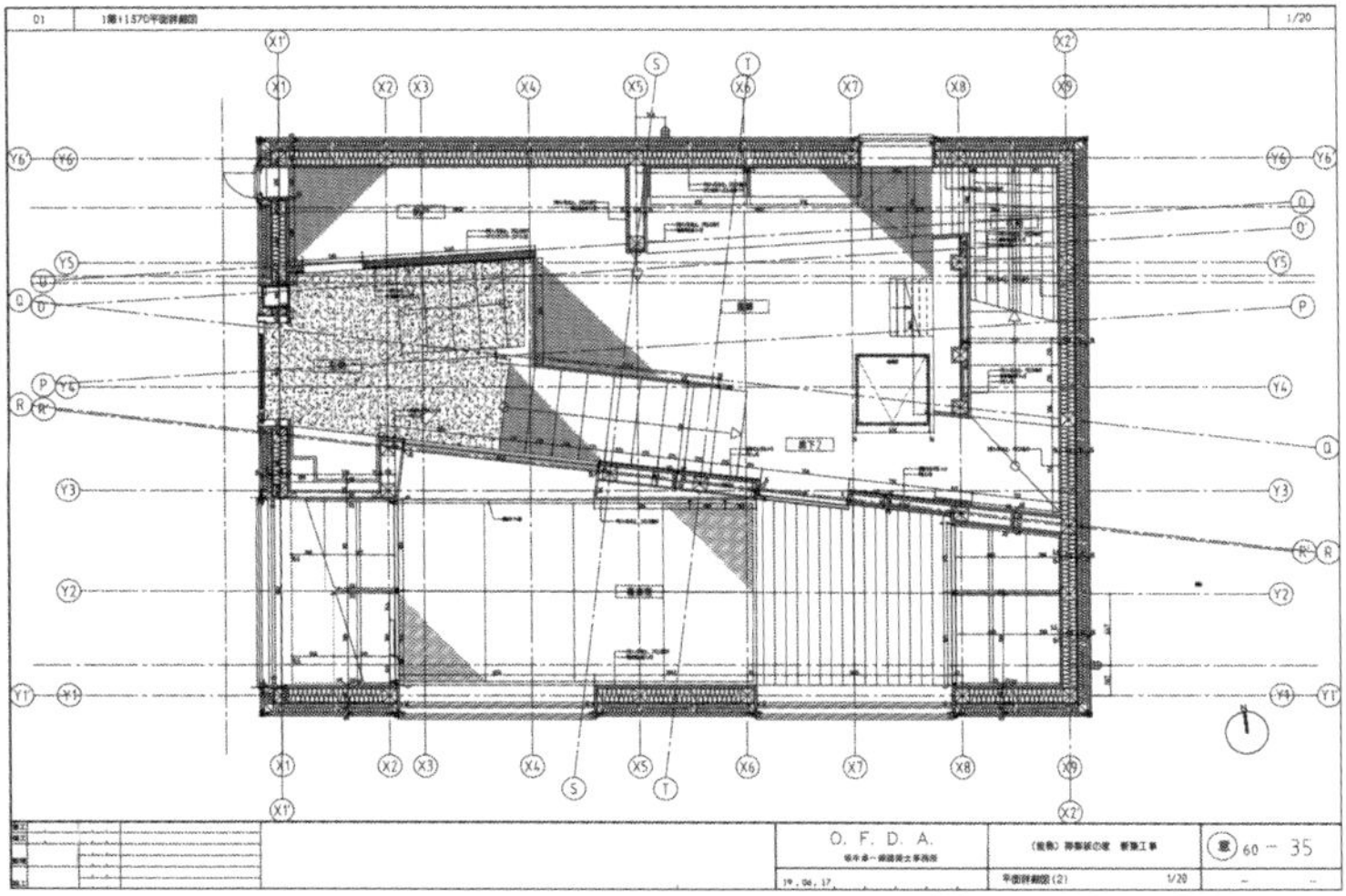

図1-1　筆者の自邸設計図

さて量の差もさることながら、もう一つの大きな差がある。そしてここからが重要である。設計図はすべて図で表されているのに対して、レシピは文章である。これはなぜだろうか。それは建築の最終目標が形をつくることで、料理の最終目標は味をつくることだからだ。つまり建築は、最後は視覚に訴えるのに対して、料理は味覚に訴えるのだ。いやそれでは少し不正確かもしれない。建築は視覚だけではなく触覚や聴覚にも訴える時がある。また料理は味覚だけではなく嗅覚にも訴えるし口の中の触覚にも訴えるし、できあがった姿も重要だから視覚にも訴えないといけない。だから設計図が図だけで、レシピが文章だけでは本当は不完全なのだ。そのことについては後述するとして、とにかく設計図は視覚優先で図が描かれ、レシピは味覚優先で文章で説明される。最近のレシピは写真付きだがメインは文章だ。

　図というのは文章と違って、情報に曖昧性が残らない。図はすべて数に置き換えられるので一義的である。そして一義的でないと先ほどの設計図の三つの役割を果たせないのである。つくる人が違うと違うものができるという設計図では設計図の意味がない。他方文章というものは解釈の幅が広い。レシピの文章はなるべくその幅が広くならないように一義的に伝わるように書いてあるものの、やはり読む人次第という文章にもしばしば出会う。クックパッドというレシピ満載のウェブサイトがある。その「肉じゃが」を見てみよう（**図1-2**）。つくり方にこう書いてある。「じゃがいもと人参は大きめの乱切りに、玉ねぎはくし切り、白滝は洗って適当に切ります」。つくり慣れた人にとっては問題なかろうが、最初にこれを見て「大きめ」とはどのくらい大きいのか、「適当に」とはどういう状態かはにわかにはわからない。レシピはそれでいいのだろう。つくる人によって違うものができてもいいレシピを書いている人は、どうぞつくる人の創意工夫を入れてくださいよと思っている。しかしレシピを書く人の中でも自分の味にこだわる人は徹底して誤解の起こらないような書き方をするだろう。つまりレシピはレシピを書く人によって、その目的が少々異なる。設計

1. じゃがいもと人参は大きめの乱切りに、玉ねぎはくし切り、白滝は洗って適当に切ります。
2. 中華鍋に油を大さじ2入れて強火にし、肉を色が変わるまで炒めたら1も入れ、軽く炒めます。
3. 煮汁の材料を入れ沸騰したら灰汁を取り白滝を入れ混ぜ中強火のまま落し蓋をし煮汁が無くなるまで約20分程煮詰めます。
4. 10分煮詰めた所で一度混ぜ、再度落し蓋をして煮汁がなくなるまで様子を見ながら更に10分位煮詰めていきます。
5. 煮汁が無くなったら火を止め落し蓋をしたまま10分間、蒸らします。

図1-2　肉じゃがレシピ（クックパッドより）

図は今のところそうはできていない。そこで設計図もレシピみたいな書き方があるのではないだろうか。というのが料理から建築を見た時に気が付く建築を見直す一つの視点となる。

完成品を示す設計図とつくり方を示すレシピ

設計図とレシピの差である図と文章の差は、できたものの感受の感覚が建築は視覚、料理は味覚ということに関係する。

イギリスの哲学者にジョン・ロック（一六三二～一七〇四）という人がいる。彼は主著『人間知性論』（一六八九年）の中で物体の持っている性質を二つに分けて、物体がそもそも持っている性質である大きさ、形、動きなど、客観的に表記できるものを第一性質と呼んだ。他方、色、音、香り、味など人間の感覚経験との関わりで生じるものを第二性質と呼んで区別した。つまり第一性質は物体の中にあり、第二性質は人間の中にあると考えたのである。その考え方にはいろいろな批判もあるのだが、その区別はなんとなくわかる。

つまり設計図は第一性質を記したもので、レシピは第二性質を記したものなのである。いや正確にいうと、レシピはこの第二性質のつくり方を記したものなのである。つまり第二性質はロック流にいえば、レシピをつくる人の中にしかないのである。そしてこれを客観的に表現することはできない。だからそこに近づく道のりを書くしかない。それがレシピなのである。

しかしここで、前項でちょっと問題になったことを思い出してみよう。「設計図が視覚だけを念頭に描かれていいのか」という点と「設計図もレシピみたいにつくる人の創意工夫が入ってもいいのではないか」という二つの点である。

これらのことをこの項のテーマである完成品とつくり方に即して捉え直すと、建築の設計図は完成品としての視覚性だけを表記しているが、視覚性以外の第二性質と捉えられるような性質のつくり方をレシピのように表してもいいのではないか。またその際につくる人の創意工夫が入り込む余地を残した設計図というものがあるのではないかと考えられるのだ。

それは具体的にはどういうことかというと、例えばコンクリートで壁をつくる。その壁に色をつけようとする。普通の設計図ならペンキの種類を書いて終わりである。しかしそこに何か風合いをつけたく、均一でなくムラのある表情にしたい、触るとなんとなくざらっとした感触が欲しいとした時に、ペンキの種類と、ペンキに少し粉を混ぜて塗ったらその粉が表面に出るように考え、さらに刷毛やローラーではなく、スポンジに染み込ませて叩いて塗るという、塗り方、つくり方を図面に書いてみると、きっと今までにない感触の表面ができるだろう。これは「こんな感じ」とか言葉で言い難いもので、そのつくり方を記さないとその触感は獲得できないのである。

またこのことは次のような問題意識にもつながる。料理の世界ではレシピを考える人が料理をつくる。しかるに建築の世界では建築の設計図をつくる人は建築をつくらない。つくる人は別にいる。そして往々にして建築の設計をする人は創造的で、つくる人は設計図を遂行する人であり創造性が問われるのではなく、行動力や実行力を評価されるのである。しかし、料理のレシピが持っているつくる人の創意工夫も許容するという性質に学ぶなら、つくり方を文章で書いた設計図書によって施工者の創造性を問うような、新しい建築の設計者と施工者の関係性が生まれる可能性もある。逆に設計者が自ら施工まですることで新しい建築表現に辿り着くことも十分考えられる。

ドットアーキテクツ（家成俊勝、赤代武志、二〇〇四年設立）という大阪の設計事務所は設計、施工、使用を同じ地平で捉え、そのすべての過程に取り組むと言っている。また名古屋を拠点に設計活動をしている建築家の宇野友明（一九六〇〜）も設計だけではなく施工をしている。

両者とも施工をするから施工をしない設計者より創意工夫を色々思いつくだろうことは想像に難くない。実際そこには設計の常識を覆すようなことがある。例えば木の板で建物の仕上げをするとき、普通の設計者は塗装するよう図面に描く。宇野は塗装をしない時がある。素材の選択を間違わなければ、そのほうが美しく年を取らせることができるからだ。そして寿命が来たら取り替える。これは自ら施工して、そしてその後も施工者としてその建物をずっとアフターケアして習得できることなのである。

つくる人に残された余地

さて設計図とレシピがあったらその目標地点へ誰でも辿り着けるのだろうか。設計者が思い描いたものを施工者はつくれるのだろうか。レシピを書いた人がつくった料理と同じ料理を、レシピを読んだ人はつくれるのだろうか。答えはおそらくノーである。おそらくと言ったのは思い描いたものになる時もあり得るからである。それは蓋然性の問題である。

先ほどレシピは、つくる人の創意工夫が入る余地を残しているのだから、レシピを書いた人と同じものができないのはわかるとして、設計図は物を一義的に決めているのだから設計図に従ってつくれば同じものが生まれるはずではないかと書いた。理屈としてはそうである。しかし正直にいうと自動車や機械の設計図と違って、建築の設計図は完全に完成品を一義的に決めてはいない。設計図だけではわからないことがいろいろあるのが実情で、つくる人はつくりながら、設計した人に聞くのである。設計図だけではどうもわからない、この部分はどうなっているのかと。設計者はその質問が想定内の時もあれば、あれしまった、その部分は描いてなかったなと反省しながら、ここはこうだとその時になって設計することもある。

レシピが不完全だったり、つくる人任せだったりするのと同じように、設計図にも同じように欠落があったり、施工者にお任せしますというような部分があるものだ。

さらにものをつくるということはつくる人の腕に結果は左右される。腕とは何か。料理で言えば、勘と経験で培われた肉体的な動きである。勘というのは、いろいろなことに現れる。調味料の量、食材を加工する火加減、その時間、料理を終えるタイミングなどだ。また肉体的な動きとは、野菜を炒めるときに何回どのスピードでかき混ぜるか、肉を焼く前にどのくらいたたいて平らにするか、魚を下ろすときに包丁をどんなスピードで動かすかなどである。これらのことはレシピには書いてない。建築でも同じである。大工さんのカンナがけの技や塗装屋さんの刷毛の動き、左官屋さんのコテの動かし方などなど、こんなことも設計図には書いていない。

このように施工者、料理する人任せの部分や、技術のことなどは設計図、レシピに欠落しているのである。だから設計図、レシピがあってもその目標にはそう簡単に辿り着かないのである。

2 素材

価値は何で決まるか

建築にも料理にも素材がある。建築の場合、ギリシア時代に哲学者アリストテレス（前三八四〜前三二二）が物の存在の原因を考えて四つの要因を提示した。それが質料因、形相因、作用因、目的因である。家で考えれば、レンガや石が質料因、建物の形や構造が形相因、建築家や大工さんの作業が作用因、建物の目的が目的因である。

素材はこの質料因として建物の重要項目の一つである。また設計図の役割のところで示したように設計図の要件とは見積もりができることと述べたが、見積書とは図のように素材の仕様からその単価が決まり、単価と数量の掛け算で額が出るのである（図1-3）。よって素材は建築の風合いを決めると同時に建築の値段を決める決定的な要素である。

これは料理においても同じだろう。レシピに書いてある食材によって料理の値段は決まる。レストランの料理の値段を決める要素の半分は素材の値段と言っていいだろう。良い素材があれば建築も料理も良いものになる可能性が高まる。しかしでは良い素材とは何なのか。物の値段は需要と供給で決まるから良い悪いではなく多い少ないで決定される。希少価値というものである。しかし建

断熱材

	部位	仕様		数量	単位	単価	金額	備考
基礎	底盤	フェノールフォームT=50		18	枚	2500	45000	
	基礎立ち上がり	フェノールフォームT=50		15	枚	2500	37500	
壁		グラスウールt=100		3	箱（10平米）	5000	15000	
		フェノールフォームT=100		16		4100	65600	
屋根		グラスウールt=100		8	箱（10平米）	5000	40000	
		フェノールフォームT=100		23		4100	94300	
合計							297400	

ガルバリウム

屋根		ガルバリウム小波T=0.4	3.8×5.6	22	平米	1800	39600	
壁		ガルバリウム小波T=0.4	2.4×0.91×16	35	平米	1800	63000	
合計							102600	

図1-3　見積書

築でも料理でも希少な物だから「良い」とは限らない。それぞれの素材に求められるものがあるのだ。それは何か。

　建築に求められるものは「はじめに」で紹介したプロの建築の見方がそれにあたる。つまりローマ時代から建築に求められている「用・強・美」である。建築全体に求められるこれら三つの要素は建築の部分である素材にも求められるのである。素材を対象にこの要素を噛み砕いて説明するなら、用とは素材の施工のしやすさ。例えばタイルという素材を考えたときに、タイルが重すぎるとよほど粘着力のあるものでつけないと落ちてくる心配があるから重すぎると良くない。適度な重さであって欲しい。次に強は素材の強さである。自然に耐える耐候性と壊れにくい耐衝撃性などである。金属なら錆びにくく、ものが飛んできても凹まないというような性能である。そして美はもちろん美しさということになる。これらの望まれる性能はその性能が高いから値段が高いとは限らないのである。値段が高いのは希少性、あるいは製造しにくいというような理由からである。だから「用・強・美」は値段と必ずしも相関しない。

料理の素材を考えてみよう。こちらも希少なものは値段が高い。しかし希少だから美味しいとは限らないのではないか。そもそも美味しいとはどういうことかということになる。これは美しいとは何かに近い話である。そこで料理の素材について求められる性能は何かと考えると、私はやはり「用・強・美」なのではないかと思っている。つまり食材も、建築同様、調理のしやすさが求められる。つまり扱いやすいということである。よほどのプロ料理人がとんでもない技をお持ちだというような場合を除けば、捌きづらい食材は価値が低いと思う。次に強である。これは栄養と考えてみたい。食の重要な要素は健康に寄与することである。昔と違って料理は美味しいだけでは及第点はもらえない。それが健康にどう寄与するのかも良い料理の条件になりつつある。そして美はやはり見栄えである。食材も見栄えが良いと美味しく見えるということもある。というわけで食材に求められる価値は建築素材に求められる価値同様「用・強・美」だと言っていいのではないか。

地産地消と珍味

建築素材も食材も最近よく言われることに地産地消がある。これには二つの意味がある。最近言われていることから言うと、それはその場所にある素材を使えば運ぶ必要がないから省エネだということになる。つまりガソリンや電気を使わないからCO_2を排出しないということになって地球環境にやさしいという意味を持つ。しかし現代の建築はなかなかその場所のものだけを使ってはつくりづらい。だから一般的な指針としてそう言われているのである。

もう一つの意味合いは建築も料理もそこにあるものを使えば、そこの地方性が滲みでるということである。二十世紀前半には世界には目指すべき一つの真理があり、それを目指して物をつくろうという動きがあった。建築で言えばそういう考えでできた建築をインターナショナル・スタイル（国際様式）と呼んだ。ル・コルビュジエ（一八八七〜一九六五）やヴァルター・グロピウス（一八八三〜一九六九）といった二十世紀初頭の建築界の巨匠たちはそういう建築を目指したのだ。しかし徐々に世界は一つではないし、個々の国の個性、いや一つの国の中でも地方都市の個性があって多様性が大事だと考えるようになってきた。だからなるべくそこで獲れるもの、加工されたものでつくろうということになってきている。例えば日本の民家（**図1―4**）を見ればそこで獲れるものでつくられていることがよくわかる。

そこでまず地産地消の食の例から見てみよう。デンマークにノーマという名前のレストランがある。二〇〇三年に開業したこのレストランは残念ながら二〇二四年でレストランの通常営業を閉じテストキッチンと巨大ラボに変身したとのことだが、ノーマの料理は革新的である。イギリスの出版社が主催する「世界のベストレストラン五〇」のランキングで二〇一〇年に世界一位となって一躍世界的に有名になった。ノーマの創業者レネ・レゼピが標榜するのは新北欧料理。その調理法はつねに研究開発をへて更新されていた。基本は地元で取れる食材である。鳥なら肉だけでなく、爪や羽、海に行けば海の苔《こけ》、昆虫、鹿の脳みそまであらゆる素材に挑戦してきた。

地元に伝統的に伝わる食材を料理に使う文化は日本にもある。筆者が勤めていた信州大学のある長野県は、昆虫食で有名だ。蜂の子、イナゴ、カイコ、ザザムシなど（図1―5）。佃煮にしたり炒めたりする。

デンマークも長野も寒い場所だから食材が豊富ではない。長野は海もないから魚が獲れない。だから地元にある数少ない食べ物を工夫して食べるのである。それが栄養をとり、新しい味の発見につながり、結果的には地産地消となる。それが普通食べないものなら珍味ということでもある。

図1-4　地産地消の民家

図1-5　イナゴ、サザムシなどの佃煮

建築にも地産地消で珍味を食し、それによって建築に新しい風を吹き込むことがある。建築家フランク・O・ゲーリー（一九二九〜）は一九八一年にカブリロ海洋水族館をロサンゼルス近郊に設計した。この水族館は写真の通り白いボックスと工事現場のフェンスなどによく使う菱形の金網でそれを覆うようにできている。この菱形の金網は特にこれといった機能があるわけではない。一見ロ

図1-6　フランク・O・ゲーリー「カブリオ海洋水族館」　ロサンゼルス近郊　1981

サンゼルスの強い日差しをカットするためのサンシェードのようにも思うが、行ってみるとこの金網が日差しを防いでいるということはない。建物のある意味アクセサリーである。そうはいってもこの建物の特徴をつくる重要な部品なのである。そしてこの部品がロサンゼルスでは公共のバスケットコートを囲うネットだったり、工事現場のフェンスだったり、色々な場所でよく見る物なのである（**図1-6**）。

ゲーリーの水族館とノーマや長野の珍味の例は、いわゆる地産地消である。そして両者とも普通の地産地消とはちょっと異なり、誰も見向きもしないような素材を探し出して利用している。それにより単なるエコロジカルな意味を超え、土地の隠れた特徴を際立たせているといえる。食材の使い方を見習うとこんな建築の珍味も味わえるということだ。建築にはもっと世界中に珍味が隠れているようにも思う。そんな新しい珍味が建築を変えていく可能性は大いにある。

3　加工

生もの

前節では素材の話をしたが、大抵の場合素材は加工して使うものだ。エッセイストで食通の玉村豊男（一九四五〜）は『料理の四面体』（中公文庫、二〇一〇）のなかでこんな図（図1-7）を描いて料理を説明した。これは素材の加工を的確に示した優れた図である。料理とは食材を熱にかけて加工するのだが、その時、熱（火）と食材の間には三つのものがある。それは空気か水か油だという。その三つがこの図の底面の三角形の三点に書かれている。そしてその量の多寡で料理の種類が決まる。空気の場合、空気が多い順に、干物→ロースト→グリル、水の場合、水が多い順に煮もの→蒸しもの、油は多い順に揚げもの→煎りものとなる。ここで火から一番遠いものがこの図で言えばこの四面体の底面になりそこは生ものだというわけだ。刺身とかセビチェなどはここに入る。

この示唆的な図をしばし眺めていると、これに建築の素材加工を当てはめてみたくなる誘惑に駆られる。そこで水準はやや異なるが似たような図をつくってみた（図1-8）。料理の四面体は食材の加工について図示している。食材の加工は基本的に操作は一つで加熱である。それに使う媒体が三つあるので四面体が有効である。しかし建築の素材加工は複数ある。また食材が味をつくるための加工であるのに対して、建築素材は形をつくるための加工であるから自ずとその操作もだいぶ違う。

そこでその違いを横に置きながら、建築素材も加工しない状態から加工を多くする状態で下から

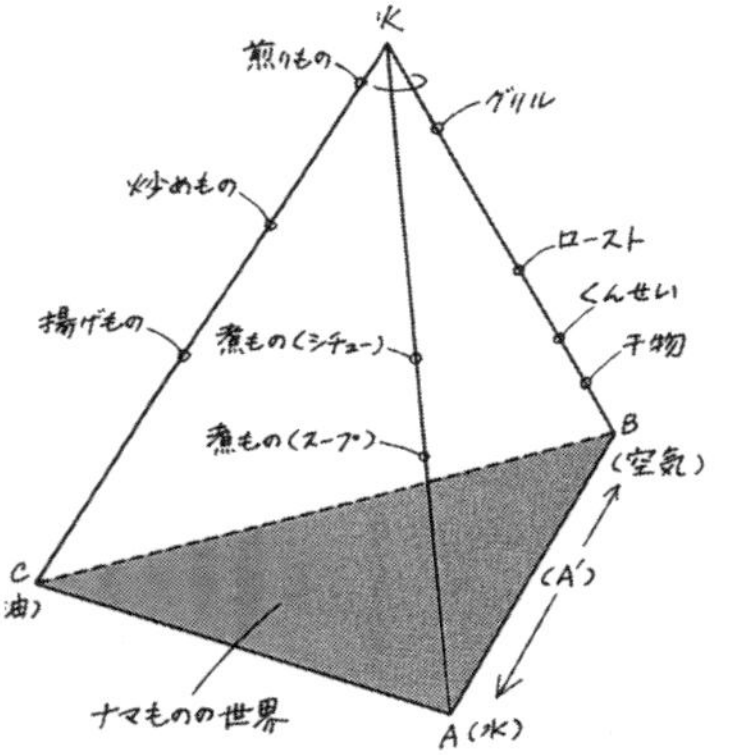

図1-7 玉村豊男 料理の四面体

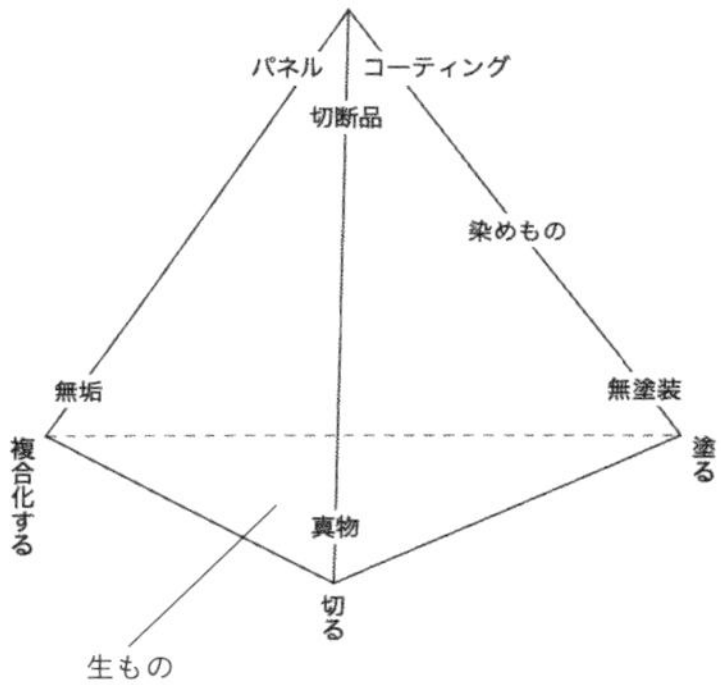

図1-8 建築素材の四面体

上に移動するという考え方で三つの視点を抽出した。それは切る、塗る、複合化するである。木という素材があるとする。これに「塗る」という操作を考えてみよう。「塗る」に対して生の状態にするのは「無塗装」である。そしてたくさん塗るというのはコーティングして木の木目を見せない状態、無塗装とコーティング、の中間状態は木目を見せて木を染めるという状態がある。次に「切る」である。木を最初の既成サイズで使うのを建築用語では真物《まもの》で使うという。これを切って使うことも多々ある。最後に複合化するであるが、木を薄く切ったものをベニヤと呼びそれらを貼り合わせたのをベニヤ合板という。こういう操作を「複合化する」という。建築材料は木と違う素材を複合化したりもする。それぞれの性能を合体するためだ。一方で何もしないのを「無垢で使う」という。つまり建築の木素材を生もので使うとすると無垢で真物で無塗装ということになる。これは木以外の素材でも鉄でも石でもいろいろと当てはまると思われる。そして生もので使うとそれは刺身を食べるようなもので、

図1-9　伊勢神宮内宮　三重

素材の良さが痛感される。一方で素材の質が悪いと台無しであろう。伊勢神宮のような建物の場合、最高の無垢の檜が無塗装で使われている（**図1-9**）。それらは伊勢神宮の御用材を切り出すための森から切り出された特別なものなのである。そしてそれ故の風合いがある。生ものの良さである。しかしいい生ものはどこにでもあるものではないし、傷みやすいのである。食材と同じである。

時間を示す発酵と風化

建築はつくるのに時間がかかる。それに比べて料理は時間がかからないかと言えば確かに厨房で調理している時間は建築よりはるかに短い。しかし、厨房に来る前に時間がかかるものがある。発酵を伴うものである。西洋であればチーズやワイン、日本であれば納豆や酒。納豆はともかく他のものはかなり時間がかかる。

料理の専門家が言っていたが、発酵と腐敗は、原理は同じ。食べて体がおかしくなればそれは腐敗したということであり、なんともなければそれは発酵であると。

フランスの文化人類学者クロード・レヴィ＝ストロース（一九〇八〜二〇〇九）は料理の三角形というモデルを示した人である。それによると料理というのは〈生もの〉〈火にかけたもの〉〈腐ったもの〉を三頂点においた三角形の中に位置付けられるとした。そして〈火にかけたもの〉は〈生もの〉の文化的変形で〈腐ったもの〉は〈生もの〉の自然の変形であるとした。つまり先ず食材があるが、これは人間が火力を持ってきて焼くという文化的行為をすれば〈火にかけたもの〉になる。人間が何もしなくても放っておけばそれは〈腐ったもの〉になるというわけである。

レヴィ＝ストロースの話を持ち出したのは、発酵は大事な料理の要素であるということを言わんがためである（**図1-10**）。そして料理ものによっては時間がかかるということである。

建築はもちろん完成までに時間がかかるのだが、この発酵に似たようなことを考えてみると、建築は完成した時が終わりではない。実はそこから建築が生命を持って建築たる使命を果たしていく時間を過ごすことになる。料理はできたら保存されるということもある。ワインなどのようにできてから数十年寝かせておくものもあるが、概ねできたときに食してその姿はなくなる。一方建

図1-10 エビの発酵

築はできてすぐなくなるということがなくて、少なくとも数十年数百年存在する運命にある。よってこの時間はことのほか大事なものである。

料理に腐るという概念が存在するのにヒントを得て、建築も腐るということがあるかと考えてみたくなる。それも体に悪い腐るではなく、体に良い発酵する、の方である。建築が文字通り発酵するということは考えづらいので、建築が自然の中で変形するというレヴィ＝ストロースの考え方に則って見れば、建築も自然の中で放っておけば変形するのである。それを建築の場合うまく言い表す言葉が見つからない。風化でも老化でもない。あえて言えば美しく年をとるとでも言おうか。京都でも奈良でも古都の建築群は焼けて建て替えられているとは言っても数百年は経っている。そしてその数百年の年月が建物に刻み込まれているのは一目瞭然である。この建物に刻み込まれたもの。それはミクロに見れば、あるいは材料の元の姿からすれば劣化、損傷という言い方もできるが、その劣化損傷が素材に時間を刻み込みその存在を新品とは別のものにしているのである。

さて普通に考えるとこうしたアンティーク的な価値に人は敏感なので、そうした古い建築の古さは認めるものである。しかし現代建築の場合、それが使われ始めて自然の風化を受けるとそれはにわかに受け止めたくないものである。写真はスイスの建築家ユニット、ヘルツォーク＆ド・ムーロン（ジャック・ヘルツォーク、ピエール・ド・ムーロン、一九七八設立）の設計したルダン邸である（図1-11）。写真で見るように、この建物は雨樋がなく自然と雨は外壁に垂れていく。これは設計者が意図的にやっていることで、ジャック・ヘルツォークは次のように述べている。「僕らは石の表面に育つ苔

図1-11　ヘルツォーク&ド・ムーロン「ルダン邸」　レメン　1997

図1-12　小大建築設計事務所「ウィスキー蒸留所」　四川省　2025竣工予定

や地衣類に興味がある」。建築が時間とともに自然の影響をその表面に刻印していくことを意識的に行い、それを価値として受け入れる文化が育っているようである(少なくともヘルツォークが言うようなことをクライアントが理解している)。

また似たような考え方で、日本の設計事務所、小大建築設計事務所が中国にウィスキー蒸留所を設計した。連続したボールト屋根の谷部分に溜まる雨水は壁柱の小口の溝を流れ落ちる設計であり、その雨樋の溝は徐々に苔むしてくることを狙っているという(図1-12)。

日本の中では残念ながらまだそうした価値観は少ない。しかし料理の発酵を美味しく思うように、建築の風化も美しく思う価値観が育ってもいいのではなかろうか。

人の手による技術

建築も料理も設計図とレシピがあるのだがその通りつくってもそこにいつもたどり着けるわけではないということを一節の「つくる人に残された余地」のところでお話しした。そしてその理由の一つにつくる人の「技術」があるレベルに達しているかどうかがそれを左右することを説明した。技術とは何か、抽象的に言えば、料理ならば食材を生から様々な形で火を通す、そこに水、油、空気が介在することは見た通りである。だからその温度加減、水、油、空気の加減を経験的に最適な状態にするのが料理の技術だろう。他方建築のそれは素材を組み立てる仕事だから、切断した部材を合わせるために大きさと位置の精度を出すのが技術である。建築は料理と違って二十世紀に入ってその素材が木、土、石などからコンクリート、鉄、ガラスへと変化したことに伴い、巨大化した。

さらに様々な工業製品が挿入されることになる。エレベーター、空調機、照明器具などである。つまり現場で組み立てる技術以外の工場でつくる技術、それを運ぶ技術など技術の範囲が広がるとともに、その技術がもはや人間の手作業ではカバーしきれなくなっている。

一軒家をつくる技術と麻布台ヒルズをつくる技術はもはや同じものではないのである。一軒家をつくる技術はまだ人の手作業である。アナログである。一方で大型の建物をつくる技術はデジタルである。人間の手で行うことはできない部分が多々ある。筆者が設計した東京湾横断道路の風の塔は高さ九十メートルと七十五メートルの二本の換気塔である（図1―13）。この二本の塔は千葉県の陸地の工場でこの大きさにつくられてそれをそれぞれ大きな塔は三分割、小さな塔は二分割してクレーン船で吊り下げられた状態でここまで運ばれてきて、そのクレーンを使って重ねていったのである。その時、下の塊がまず設置される。そしてその下の塊に上の塊を載せるのだが、両者の精度誤差は数ミリだと聞いた。それを行えるのは計測器と計測器に連動したクレーンの動きをコントロールする機械だ。もはや人間の手の技術ではないのである。

かたや料理の技術は五感を駆使した人間の技術である。もちろん回転寿司の寿司を機械が握るようなことはあろうし、ＡＩが注文を聞いて素敵なレシピをつくることもあるだろう。しかし人間の技術が不要になることはない。建築はこの巨大マシーンのようなものをつくる場合に限って言えば、人間の技術が不要になる可能性はある。しかしどんな建築にも人間臭さがなくなることはないのではなかろうか。人の手でつくった料理を食べたいのと同様に人の手垢のついた空間に包まれたいという欲望はなくならないと思うのだがどうだろうか。

図1-13　日建設計「東京湾横断道路風の塔」　川崎東京湾　1997

4　ケハレ

ここまでは建築と料理ができるまでの話である。つまりそのプロセスに出てくる「素材」と「設計図やレシピ」と「加工」についてまとめたわけである。そこで最後に本節では、そうしてできた建築や料理の使われ方、使い道、評価について料理の側から建築を見てみよう。

ハレとケ

料理家の土井善晴（一九五七〜）の話を紹介したい。彼は家庭料理家の土井勝（一九二一〜一九九五）の次男として生まれ、スイス、フランスで西欧の料理を、日本で高級料理の修行をした。しかしあるとき家庭料理家の父の勧めで日常の飾らない家庭料理の道に進むことにした。

土井は、「日本人の世界観であるケハレとは、ハレの日（まつりごと）・ケの日（弔いごと）・ケハレの日（日常）の三つに分けられ」るとした（土井善晴、中島岳志『料理と利他』ミシマ社、二〇二〇年）。ハレの日にはハレの料理を神と一緒に食べるのだが、現代ではハレの料理をご馳走と考え、頻繁に食べるので栄養過多になっていると警告し、普段はケハレの料理を勧める

図1-14　ケハレの料理としての一汁一菜

図1-15　辰野金吾「東京駅」　東京　1914

（**図1―14**）。

料理同様に、建築にもケとハレがあるものだ。神社や仏閣はときにハレの舞台になるが、ときにケの場にもなる。日本の伝統空間はイベントに応じて空間の意味が変化する。一方西欧では建築のハレは空間の形象によって表現されてきた。荘厳さや手の込んだ装飾など、目に見える祝祭性である。明治以降、こうした西欧のハレのつくり方は日本の建築の中にも取り込まれ、結婚式や、祝賀会などのお祝い事はホテル等の大空間で行われるようになった。参加者が空間の祝祭性を大きさから感じ取れるからである。

二十世紀の日本の建築にはこうしたハレをもつ建築がたくさんあった。辰野金吾（一八五四～一九一九）の東京駅（一九一四年、（**図1―15**））、丹下健三（一九一三～二〇〇五）の国立代々木競技場（一九六四年）、住宅レベルでは篠原一男（一九二五～二〇〇六）のから傘の家（一九六一年、（**図1―16**））

など建築の大小にかかわらずハレがある。

例えばこのから傘の家は平面が一辺七・五メートルの正方形である。五十平方メートル程度の小さな平屋の家である。そしてそのほぼ真ん中で広間と寝室＋水回りの部分に分割されている。しかし寝室の襖を開けると写真のように広い空間が現れる。また対角線上に視線が通る。その長さは十メートルとなる。十メートルの向こうまで見通せる家といったらかなり大きな家である。五十平方メートルの家でそれを実現するためにはこんな工夫がされている。さらに天井を見てみよう。放射状に広がる屋根を支える構造（これを垂木と呼ぶ）が見える。重要なのは寝室の襖の上にある梁の上に壁がないこと。断面図と写真からそのことがわかる。それによって平面は既述のとおり広間と寝室＋水回りに二分割されているのだが、天井を見ると二分割されていない大きな一つの空間になっているのだ。だから普通に考えるとコンパクトな家が中に入ると、とても大きな家であることに驚くのである。これを設計した篠原一男は非日常性という言葉でこの大きさを表していた。つまりはハレの空間を目指した。

しかしこうしたハレ空間に対し、ケハレ空間を提示した建築家がいた。それは篠原一男に学んだ坂本一成（一九四三〜）である。坂本は篠原に学びながら、篠原を反面教師とした。そして非篠原の可能性を探った。それはケハレ（日常性）であった。坂本の『住宅――日常の詩学』（TOTO出版、二〇〇一年）を読むと、日常性の中に日常性から抜け出る隘路を見つけ、ハレに出会う建築を目指していたことを感じる。つまり土井の料理の考え方の如く、普段は日常性を標榜しその日常性を逸

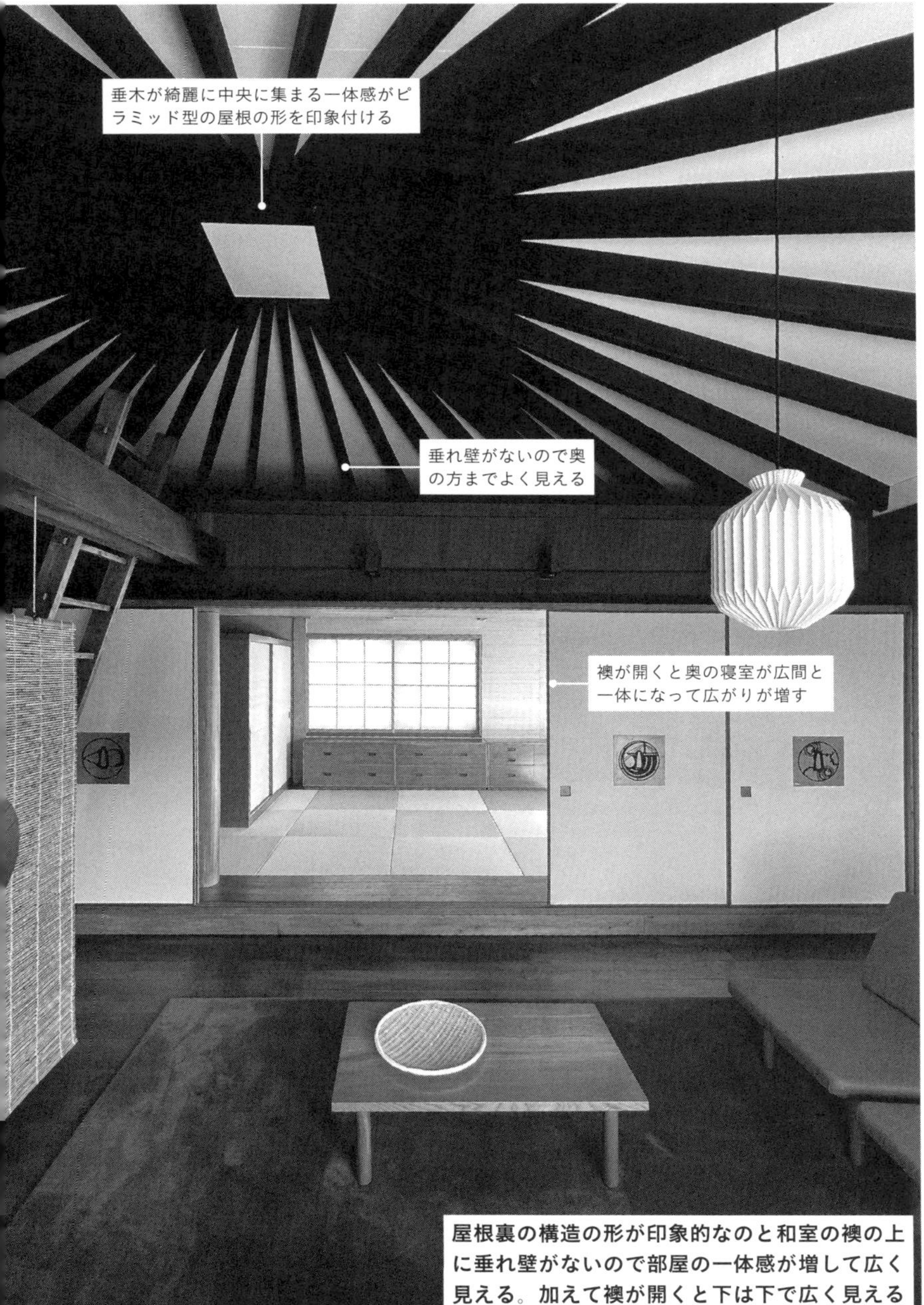
垂木が綺麗に中央に集まる一体感がピラミッド型の屋根の形を印象付ける
垂れ壁がないので奥の方までよく見える
襖が開くと奥の寝室が広間と一体になって広がりが増す
屋根裏の構造の形が印象的なのと和室の襖の上に垂れ壁がないので部屋の一体感が増して広く見える。加えて襖が開くと下は下で広く見える

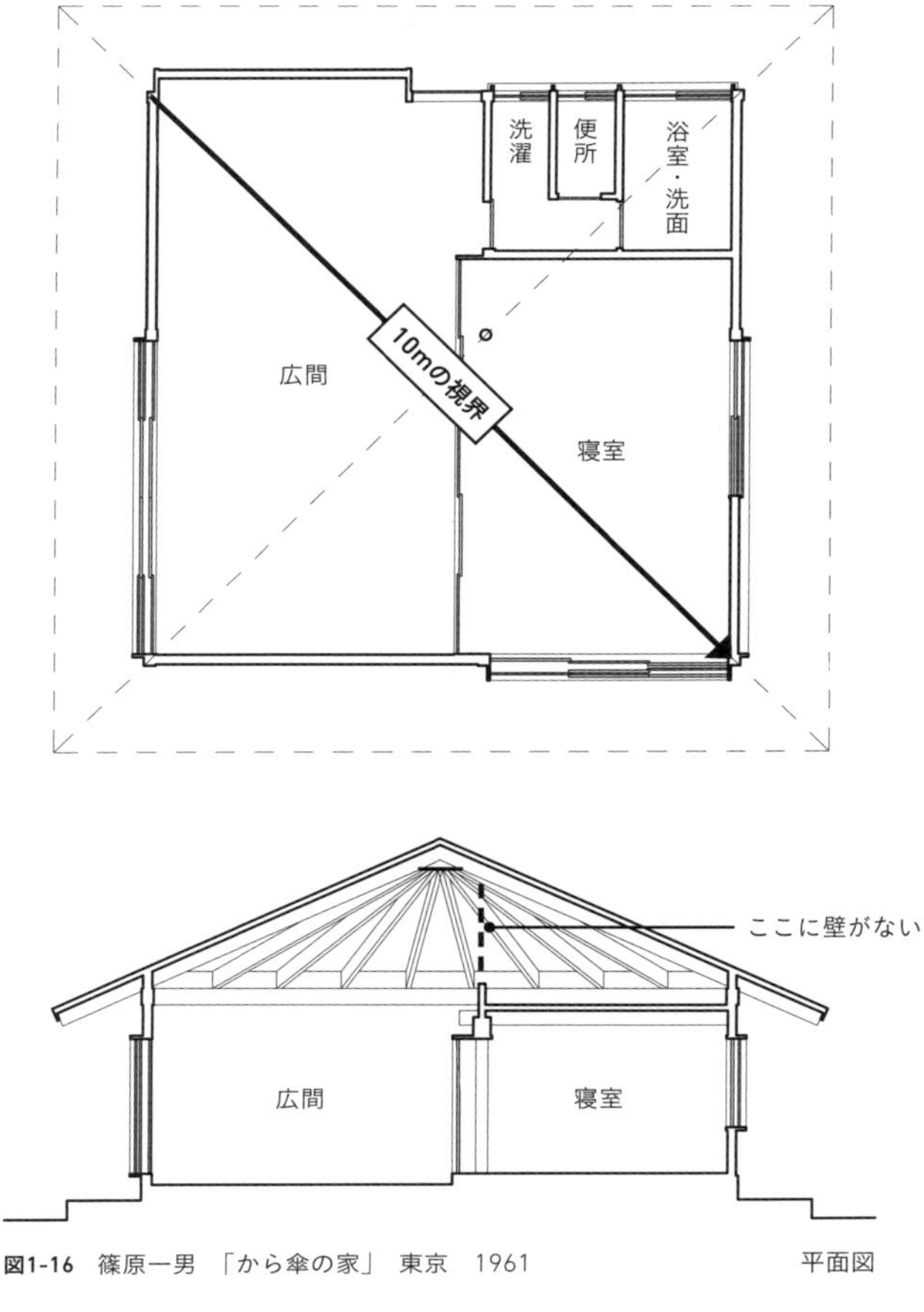

図1-16 篠原一男 「から傘の家」 東京 1961

脱する可能性も秘めたデザインだ。

ちょっと異なる領域の喩えになるが、村上春樹が多用する井戸という装置はこれに似ている。村上は自らの小説の舞台装置として井戸を使う。間違ってそこに落ちると違う世界に出る。坂本の建築の中にはこの井戸に似たような時空のきっかけがあり、そこに差し掛かると、ハレに出くわすのである。

Bラインが拓く革新性

B級グルメという言葉は一九八五年くらいから使われるようになったらしい。その頃は安価で手軽な料理という意味だったのだが、二〇〇六年くらいから地域おこしに使われ始め、第一回ご当地グルメでまちおこしの祭典！B-1グランプリin八戸が行われた。ちなみにその時のゴールドグランプリは富士宮やきそば（図1-17）である。この大会は二〇一九年まで続きその後は開催されていないようである。

しかしB-1グランプリという大会は無くなったものの、B級グルメは生きていると思われる。B級とはうたっていないが人気漫画でテレビドラマが放送されている「孤独のグルメ」に登場する

図1-17　B級グルメの富士宮やきそば

図1-18　長坂常「SAYAMA FLAT」　埼玉　2008

料理のほとんどは大衆的庶民的なものである。
B級に相当するファッションも存在する。ヒップホップの影響を受けたストリート系をB系と言う。B系の由来はブレークダンサーを意味する「Bボーイ」でそれがメディアを通じて定着した。建築では建築家の長坂常が二〇〇九年に『B面がA面にかわるとき』〔増補版〕鹿島出版会、二〇一六）を出版して食でいうところのB級、ファッションでいうところのB系に通ずる建築をB面として提示した。そしてその書を著す一年前に衝撃的なデビュー作とも言えるSAYAMA FLAT（図1-18）をつくる。一見工事中とも見えるこのインテリアのリノベーションは資本を投下せず、既存の仕上げを剥がしたところに現れる、隠れていた素材が新たな関係性を生み出すことに表現の中心が置かれている。これは明らかに食やファッションがハイエンドに対して大衆という意味でBを位置付けているのとは少し表現の水準が異なる。それを超えた新たな表現領域に入っている。しかし長坂のいうB面は他分野のBラインと同様にある表現領域の変革と新たな地平への見通しを与えてくれているのは確かである。

災害下での生活

人間生活の非日常の中には災害というものもある。災害時に公は食と住にどのような対策をとっているのか。災害が起こると災害救助法によって被災地は救助される。その第四条には次のような規定がある。避難所などの収容施設や仮設住宅の供与、炊き出しなどによる給食、給水車などによる給水、被服、寝具その他の生活必需品の支給又は貸与、さらに続くが上から住、食、衣の援助が書かれている。この三つは私たちの生に欠かすことのできないマストアイテムであることが改めてよくわかる。ところで昨今災害に対する考え方は大きく二つある。災害を最小限に抑える防災、他方災害が起こった時にその後どのように復興するかを事前に考えておく事前復興である。事前復興の考え方は、ある規模以上の災害が起こった状況（建物の倒壊、浸水、火事）に対して、必然的に必要となると予測される様々な措置を準備するものだが、自分たちができることとして食に関しては備蓄が勧められているのはよく知られているところである。建築的には仮設住宅はどこにつくるのか、その量はどのくらいか、そしてその仮設住宅に住む人がどのようなコミュニティをつくって、子どもたちはどこの学校に通うのかというようなことをあらかじめ想定するものが事前復興であり、そのような計画はどこの行政でも行っている（**図1―19**）。こうしたことは災害直後の住や食の対策と時期が異なることだが欠かせない問題である。

ところで、災害における避難所は仮設住宅ができるまでのかなりの時間を過ごす場所で、この時期に音やプライバシーの問題で精神的にまいってくる人もいる。建築家の坂茂（一九五七〜）は二〇一四年に建築界のノーベル賞と言われるプリツカー賞を受賞した建築家であるが、彼は一九九五年の阪神淡路大震災後紙のログハウス（仮設住宅）をつくり、一九九九年のトルコ、二〇〇一年のインドの地震で仮設住宅を建設。その他世界各地の災害に出向き被災地支援を行い、二〇二四年一月の能登半島の地震では紙の菅でフレームをつくりそこに布をかけたパーティションをつくった（**図1-20**）。

これはこれまでの避難場所の生活のクォリティを上げる取り組みとして注目される。避難場所に求められるデリカシーのある空間への配慮である。建築の一歩進んだ試みだった。

図1-19 東京都都市整備局の「市街地の事前復興の手引」平成27年度版より

図1-20 坂茂「能登震災避難所仮設パーティション」 石川 2024

参考書

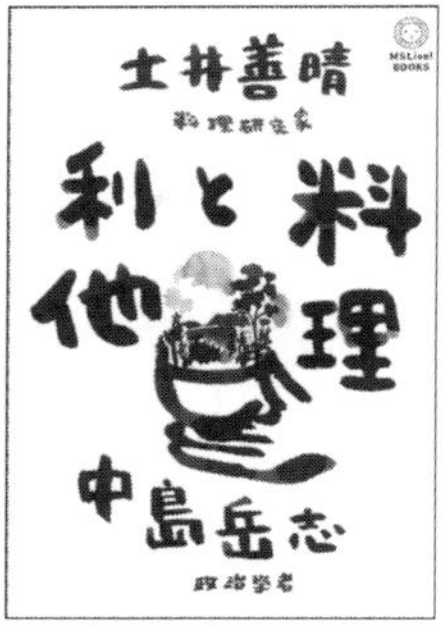

土井善晴、中島岳志
『料理と利他』
ミシマ社、二〇二〇年

本章のハレとケのところで引用したこの本は私と料理の付き合い方をかなり決定的に変えた本でした。コロナ禍を境に家で頻繁に料理をするようになり、食材を加工する工程が建築そっくりだと思うようになったのが建築と料理の共通点を見つけた最初でしたが、それぞれに日常性と非日常性があることを教えてくれたのがこの本でした。

2章

服が大きくなると建築になる

1　ファッションの仕事と建築の仕事

クリエーターの職能と資格

その昔パリで建築家相手に日本を代表する建築家丹下健三（Kenzo）の話をしていたら、相手はファッションデザイナーの髙田賢三（Kenzo）のことだと思っていたことがある。発音が同じなのと、当時パリでは髙田賢三の方が名前が売れていたからだろうが、この街にはファッションデザイナーの職能がしっかりと根付いているのだなと思った時だった。誤解を解きながら、建築家もファッションデザイナーも0からデザインを産む仕事として共通点が多いなと二人で話していた。そこで本節では、建築とファッションそのものを見る前にそのクリエーターたちの職能や業態を見てみることにしよう。

二つの職能を比べてみよう。建築家は建築士という国家資格を取らないと設計ができない。調理師に調理師免許が必要なのと同様である。しかしファッションデザイナーはそうした資格の制限はない。それは服のつくり間違えで人命が危うくなることはなくても調理ミスや設計ミスは人命に関わることがあるからであろう。

資格の話を出したのは、この資格制度が建築家の職能を規定しているからである。例えば建築家の隈研吾（一九五四〜）とファッションデザイナーの川久保玲（一九四二〜）を比べてみよう。隈研吾は東京大学工学部の建築学科を卒業し、川久保玲は慶應義塾大学文学部哲学科の出身である。建築士の資格を取るためには一般的には大学に行くが、大学に行かないという選択肢もある。実務経験を七年以上積めば二級建築士の受験資格が生まれ、二級建築士を取れば一級建築士の受験資格が生まれる（一級と二級の差は設計できる建物規模が異なる）。しかし多くの人は建築士の資格を取るためには大学の建築学科に進む。そして規定の単位を取ると受験資格が生まれる。その単位の種類は広範囲にわたり、デザイナーになる場合でも、構造、設備などの単位も取らないといけない。

日本の建築教育は明治時代に始まり、それはデザインもエンジニアリングも全て学ぶという全体教育が特徴だった。欧米では基本的に建築はアカデミーという芸術学校で始まり、その後それが技術系の大学でも教えられるようになったという経緯がある。しかし芸術の伝統があるので技術系で教える場合も、建築は建築学部として他のエンジニアリングとは独立した学部で教えるのが普通で、日本の建築学科で教える構造とか設備という工学的な知識は欧米ではエンジニアリング学部で教えるのである。エンジニアリング的なことを日本と比較してあまり学ばない分彼らは芸術や理論をより多く学ぶということになる。

しかし日本の建築家はエンジニアリング知識が豊富なので、そのことが世界的にみると特徴でもある。建築史家の五十嵐太郎（一九六七〜）は、だから日本の建築家は建築界のノーベル賞と言われるプリツカー賞を世界で一番多く受賞しているのだと言っている。

さて他方ファッションデザインの分野では、服をデザインするために持っていなければならない資格はない。だからファッションの教育を受けていないとファッションデザイナーになれないということもない。ファッションデザイナーの川久保玲は文学部出身であり服飾を大学で学んでいたわけではないが、ファッションデザイナーになった。そしてむしろ哲学美学を学んだことは、深い美への探究をファッションにしていく現在の彼女の服づくりの役に立っていると言えるだろう。またファッションデザイナーの山本耀司（一九四三〜）は慶應義塾大学法学部出身である。若手デザイナーの森永邦彦（一九八〇〜）は早稲田大学社会学部出身である。ファッションは人が着るものであり、生活必需品であり、商品である。単に制作技術や美意識だけでできているものではないゆえに、様々なバックグラウンドが服づくりに功を奏しているだろうし、服を斬新なものにしているように見える。

そうした多様な知識が創作に必要なのは、建築も実は同様なのである。社会学、美学、哲学、法学、経済学すべてが建築をつくる基礎とも言えるだろう。その意味では建築は単に工学部、美術学部で教えられる内容で十分というものでもない。ファッションデザイナーの多様なバックグラウンドから学ぶことは多々ある。今後文学部建築学科ができる日があるかもしれない。

プレタポルテとオートクチュール

建築家、ファッションデザイナーという職能はいつ生まれたのか。建築の設計をしていた人は古くからいるが、建築に建築家の名前を冠するようになったのはルネサンスの時代からであり、フィリッポ・ブルネレスキ（一三七七〜一四四六）が最初と言われている。フィレンツェの大聖堂のドームのデザインをした建築家である。一方ファッションデザイナーも同様に服のデザインをしていた人は大昔からいただろうが、服にデザイナーの名前を冠するようになったのは十九世紀の終わり、オートクチュールを始めたシャルル・フレデリック・ウォルト（一八二五〜一八九五）からと言われている。

ところで、建築家とはその当時から設計をするだけではなかった。現場での施工状態を監理する仕事も請け負うのである。というのも設計者は施工をしないからである。ファッションもそうだろう。ファッションデザイナーは、デザインはするが制作をするのはパタンナーであることが多い。ここでも両者は分離している。

さてそうした建築家、ファッションデザイナーがつくるものは世界に一つしかないものかというと、最初はそうだったが徐々にそうではないものも登場してくる。

ファッションデザイン史を紐解いてみよう。前出のシャルル・フレデリック・ウォルトがオートクチュールと呼ばれるオーダーメイドの一点物の高級仕立て服をつくった。次に登場するのはポール・ポワレ（一八七九〜一九四四）で彼のデザインの特徴は、それまで女性がスカートを膨らませるためにはいていたクリノリンと呼ばれる硬い下着をとり除いて、シルエットをシンプルにしたところにある。加えて革命的なシルエットをつく

図2-1　ポール・ポワレのドレス

り出し実験的なファッションショーを行った（図2-1）。その後ココ・シャネル（一八八三〜一九七一）が現われる。シャネルは当時男性の下着に使われていた薄手のジャージを女性服に使用し、動きやすく軽い服をつくったのだ（図2-2）。その後オートクチュールのデザイナーはローマ生まれのエルザ・スキャパレリ（一八九〇〜一九七三）、戦後ファッション界を牽引したクリスチャン・ディオール（一九〇五〜一九五七）、ニューヨークにも進出したピエール・バルマン（一九一四〜一九八二）と続く。

四〇年代から六〇年代にかけて戦争が時代を変えた。戦争は総力戦となり贅沢は厳しく取り締まられるようになる。華美な服ではなく実用的な服が普及し、服が標準化される傾向が生まれ、既製服の下地が醸造される。

そして、フランス人としては初めてオートクチュールではなく、高級既製服であるプレタポルテをデザインしたピエール・カルダン（一九二二〜二〇二〇）が登場する。またアメリカではアメリカ生まれでフランスに留学して帰国後デビューしたクレア・マッカーデル（一九〇五〜一九五八）が四

図2-2　ココ・シャネルのジャージのガウン

〇年代にデザイン性の優れた既製服をつくり始めた。ピエール・カルダンは「私の目標は一般の人の服をつくること」と宣言し、一九五九年に最初のプレタポルテを世に出した。次は一九六六年にイヴ・サン＝ローラン（一九三六～二〇〇八）がプレタポルテの店を出し、アンドレ・クレージュ（一九二三～二〇一六）がそれに続いた。

最初にファッションデザイナー、建築家は、世界に一つしかないものをデザインしていたのだろうかと問うたが、この通り二十世紀の半ばになってその考え方は崩れ、既製服をつくるファッションデザイナーが現れ、今では既製服をつくらないファッションデザイナーはいない。

では建築家はというと、建築というものは基本的に世界の同じところにつくるということはまずない。古くなって老朽化したから同じ場所に同じものをつくって欲しいというような稀有な依頼がない限り、同じ場所につくるという要求も同じものをつくって欲しいという要求もまずないといっていい。

しかしプレタポルテが戦後の消費社会の中で生まれてきたように、工場で大量生産するプレハブ住宅が戦後一九五九年、ピエール・カルダンがプレタポルテを売り出すのと同じ年に日本で発売になった。それは「ミゼットハウス」という名で、戦後のベビーブームで手狭になった住宅問題解決のために生まれた。三時間で建てられる簡易な組み立てハウスだった。ミゼットハウスは一部屋しかない小さな小屋だったが、七〇年代に入るとミサワホームO型という本格的な一軒家としてのプレハブ住宅が生まれた。これはプランを限定して生産効率を上げて、かつクライアントの細かな要求に応えられるようにしたものだった。

さてこうした日本の既製服ならぬ既製建築の登場は残念ながら建築家が主体的に行ったものではなかった。ファッション界ではファッションデザイナーが自らプレタポルテをつくりそしてオートクチュールもつくるという状況へ変化していったのだが、建築界はプレタポルテ業界とオートクチュール業界が対立した。

しかし自らプレタポルテ業界に参入しようとした建築家もいた。伊東豊雄（一九四一〜）は一九八一年に「〈商品化住宅〉という踏み絵」という論考を発表し、商品化住宅研究会を組織し、商品化住宅の企画を行った。しかし残念ながら量産化・商品化にまでは至らなかった。その後も伊東は建築家の長谷川逸子（一九四一〜）らと一緒に積水ハウスから〈イズ・プレタポルテ〉という明らかにファッション界を意識したような名前のシリーズを企画したが普及しなかった。

業界の規模と業態

建築家にしてもファッションデザイナーにしても、一人で仕事をしているわけではない。建築家の場合は、建築士事務所登録をしないと建築士の資格を持っていても設計はできない。もちろんどこかの事務所登録をしている事務所に所属して設計をすることはできる。そういう建築家の働く場所は日本の場合大きく分けて二つ、小さく分けると五つある。大きく分けて二つとは、大きな企業的な事務所と小さな個人的な事務所である。そして前者には鹿島建設、清水建設などのゼネコンと呼ばれる、施工も行い従業員が一万人程度いる大企業に属する設計部がある。次に組織事務所と呼ばれ、スカイツリーなどの設計を行ったことで知られる日建設計のような大型設計事務所がある。一方小さな個人的な事務所とは先日プリツカー賞を取った山本理顕（一九四五〜）とか、伊東豊雄などのような個人がトップに立った事務所である。こういう事務所はアトリエ事務所と呼ばれる。しかしこの組織と個人の中間をいくような大きさの事務所もある。新国立競技場を設計して有名な隈研吾の事務所などは数百人のスタッフを抱えている。そこでこれを巨大アトリエと呼ぼう。しかしデザインの決定権が個人にあるという意味では、大きさに関係なく隈事務所は個人の方に入ると言える。また個人の事務所と呼ぶものの中に、最近は大学の研究室というのも数は少ないが存在する。彼らは設計を研究と位置付けて研究室で設計を行っている。というわけで細かく分けると、ゼネコン、組織事務所、巨大アトリエ、アトリエ、研究室となる。

一体これらの組織はどんな規模で、どれだけ収入を得ているのだろうか。業界をザクっと知るために純利益と従業員数を見てみたい。建築の大きな方から見ていこう、ネット情報なので細かな部分に若干の齟齬があることはお許しいただき二〇二三年度（資料のないものは二〇二四年度）の丸めた数字で表記する。ゼネコン五社の平均値は、純利益五五二億円、従業員数八九八五人、一人当たりの純利益は六一四万円である。次に組織事務所三社（日建設計・日本設計・梓設計）の平均値をみよう。純利益四三億円、従業員一三六二人、一人当たりの平均純利益は三一五万円である。これに参考のために住宅プレタポルテ業界のハウスメーカー三社（積水ハウス・住友林業・へーベルハウス）の平均を見てみよう。純利益一二一〇億円、従業員数一万六二七八人、一人当たりの純利益七四八万円。

これに対してファッション業界を見てみよう。こちらにはゼネコンよりも大きな会社がある。ファーストリテイリング、純利益二九六二億円、従業員数六万四五四人、一人当たりの純利益四八九万円。ワールドの純利益三二億円、従業員数七一八三人、一人当たりの純利益四四万円。イッセイミヤケ純利益三六億円、従業員数七四六人、一人当たり純利益四八二万円、となる。規模を見るとファーストリテイリングに相当する建築界の会社はゼネコン、ハウスメーカーで、その利益はいい勝負である。ワールドに相当するのが組織事務所だがこれは建築業界にやや部がある。イッセイミヤケに相当するのが巨大アトリエ隈研吾事務所であるが数字が明らかになっていないのでなんとも言えない。

こうして見ると概ね、ファッション業界建築業界ともに、プレタポルテ度が高ければ高いほど収益能力は高いようである。しかし当然のことだが、プレタポルテ度が低ければ低いほど創造性とか芸術性は高いということでもある。

2 創造のプロセス

ボスの役割

川久保玲の創作の現場に初めてＮＨＫのテレビが入り取材した番組を見た。すでに文章では読んでいたことだが、彼女の創作のプロセスを再確認した。最初に驚くことは、川久保は通常ファッションデザイナーがよく描くデザイン画を描かないということだった。ではどのようにして自らの創作を行うのかというと、彼女は、普通はボスのデザイン画を形にしていくパタンナー（服の型紙をつくる職人）にデザイン画ではなく、言葉を伝えて、その言葉を元に形を考えてもらうという方法を取るのである。つまり一般にはボスの描いた「形」を服の素材を通して実際の形に変換させるのだが、川久保はパタンナーに言葉から「形」を生み出す工程とその「形」を「服の形」にする次の工程、合計二つの工程をやらせるのである。だから川久保のアトリエのパタンナーの仕事は質、量ともに莫大である。

次に驚いたことがある。それは、パタンナーはそこで生む形に特定の素材を最初から想定していないという点である。川久保は自らの頭の中だけで素材と形の出会いを思い描いているのである。素材を素材専門の職人と探しに行き、そこで見つけた素材をパタンナーが考えている形のどれに使うかを最後までパタンナーには知らせず、ずーっと考えているのだ。そしてこの素材を今考えているこの形に使いたいと、突然パタンナーに言うのだそうだ。一般に新しい服を考えるのは年に二回あるコレクションの時で、そのコレクションに持って行く服を飛行場に運び込む数日前に、この素材の言い渡しが行われるとテレビは伝えていた。パタンナーは気が動転すると言っていた。もっと硬い素材を想定してこの形を考えていたのにこんな柔らかな素材では布が垂れてくる、だから布を数箇所縫って止めないといけない、しかしそうすると縫い目が出てしまう、などなど不測の事態が起きるのを短い時間で解決していかなければならないのである。

そんなことが起こるのであればなぜもっと早く形と素材の出会いをさせないのかと思ってしまう

が、それはギリギリまで素材を選びたい気持ちと、最初から素材をきっかけにして形をつくらせないためだと川久保は考えているようであった。

これを建築的に置き換えてみると、建築家のボスが形が分かるようなスケッチを描かずスタッフに設計の考え方だけを言葉で伝えるということである。あるいは言葉で伝えるということだ。その言葉をもとにスタッフが描いたスケッチを受け取り、素材の設定をスタッフにさせずに最後にその素材はこれでいくと伝えるようなことである。

建築家の中にもスタッフに形の分かるスケッチを描かない人はいる。たとえばフランスの建築家ジャン・ヌーベル（一九四五〜）は形の分かるようなスケッチは滅多に描かないとヌーベルの事務所で働いていた友人は言っていた。その代わり彼はやはりたくさんの言葉を駆使してイメージを伝える。そしてそのイメージを形にするのは建築家ではなく、グラフィックデザイナーである。その理由は建築家だと建築としての現実性を考えるので、そこに描かれるイメージが現実的過ぎるからだそうだ。そうならないように、ヌーベルの言葉が画像としてもっと膨らむようにグラフィックデザイナーを起用するのだと言っていた。そしてそのグラフィックを建築家が建築的な絵に変換するのだと。

川久保玲とジャン・ヌーベルという例外的な二人のクリエーションのプロセスを見たが、普通のプロセスは、ファッションではボスがデザイン画を描きそれをパタンナーが型紙にして、素材の専門家あるいはパタンナーがボスと相談して、それを適当な素材を使って形にする。それが布を形にするプロセスである。一方建築ではボスが描いたスケッチを元にスタッフがそれを図面化したり模型化したりする。素材は既に決まっていることもあれば、模型化する中で相談しながら決まっていくこともある。

形を現実化するツール

建築家、ファッションデザイナーのつくるプロセスを前項で見た。そこに言葉が介在するのか絵が介在するのか、言葉は頭の中でイメージしてそれを自ら絵にするのか、言葉をスタッフ（パタンナー）に伝え、スタッフ（パタンナー）が形へ変換するのか、そのやり方は色々ある。ではその時、形を生み出すツールは何か。手描きスケッチか、コンピューターか、模型か、模型なら素材は何か。筆者は建築家五十人に建築のデザインを決めた時に何によって決めたかを聞いて本をつくったことがある（『建築スタディ発想の方法』学芸出版社、二〇二四）。それを見ると模型だった人は八人で大体はスケッチである。しかし模型でなければ最終決定しないという人もいた。隈研吾や妹島和世（一九五六〜）はそうだと聞く。彼らはつくるものがかなり複雑でスケッチからでは判断できないものが多いからであろう。一方で、模型をほとんどつくらない建築家もいる。中村拓志（一九七四〜）はその一人で、その分コンピューターグラフィックを駆使すると聞いた。模型よりスケッチが多い理由は、模型はつくるのに時間がかかるがスケッチは自分でいつでも描けるからだろう。間違ったらすぐ描き直せるし、頭の中で補正できるなどの理由が考えられる。

さてそして昨今ファッションデザイン用のＡＩを使った複数のデザインアプリが登場し始めてい

る。それぞれ専門領域がある。ここ数十年のファッション関係のデータが蓄積され、今後の消費者の嗜好やその他のプロダクトデザインの傾向を予想するもの。千五百に及ぶ画家彫刻家の作品データ、二〇〇〇年以降の百万のランウェイ画像と一万二千のファッションショーのデータがアーカイブされているもの。イラストレーターを基本としたデザイン画を描くアプリが装着され、五百以上のテンプレートとヘアスタイル、靴、体型、肌の色、メーキャップのプレデファインされたデータが用意され二次元的につくられたスケッチを三次元に変換するもの。デザインにあった工場を見つけて制作データを送ると見積もりが上がってくるもの。十万の選択肢の中から生地を選び、制作した後にどこの国に輸出し、いかに省エネするかなどのアイデアをくれるもの。またオンラインストアを立ち上げ、支払いの方法を確立し、注文を追跡するもの。これらは必要に応じて取捨選択するようになっている。そしてこれと類似のアプリが建築にも出始めている。

巨大企業はこうしたソフトを自ら開発しているかもしれないが、スタートアップのデザイナーはこうしたアプリで自らの小さなブランドあるいはアトリエ事務所を立ち上げていく時代なのかもしれない。

3 建築はファッションを真似る

スーツと新古典主義

ある時代の建築と服にはその時代の空気が投影される。それを流行というと、建築にはふさわしくない言葉のようでもあるが、建築にも流行はある。建築と服を比較するために、時代ごとの服のデザインの変遷を見てみたい。

バロック時代辺りから始めよう。十六世紀末から十七世紀初頭にかけイタリアで誕生したこの文化スタイルはドイツ、オーストリア、オランダ、スペイン、フランスへと広まった、動的で量感あふれる美術・文化様式である。当時、男女の服は見分けがつかないほど似ていた。双方、肩の線はなだらかで、ネックラインは高く、装飾的な帽子をかぶっていた（図2-3）。

しかし十七世紀後半になると、男性服と女性服は似ても似つかないものになっていく。理由はそれまで男性の仕事であった服づくりを、一六七五年に女性がつくることをルイ十四世が認めたことに端を発する。男性服はそれまでの仕立て技術にもとづき格式高い「形」をつくる方向に、女性服は刺繍やアクセサリーを施す「装飾」的な方向へ、つくり方もデザインも分かれていったのである。

フランス革命後の十九世紀前半になると、芸術において

図2-3　17世紀の男性服女性服の比較

は新古典主義の時代となる。それはバロックの放蕩的な文化を反省し古典を見直す動きであった。ポンペイ遺跡の発掘、美術史家ヨハン・ヨアヒム・ヴィンケルマン（一七一七〜一七六八）によるギリシア美術の評価が古典の見直しを加速した。ヴィンケルマンは特にギリシア彫刻における理想的な肉体像を賛美した。この時代の男性服はその影響を受け、服のフォルムに理想の人体像を投影した。男性スーツの起源はここにあると言われている。服飾史において、無駄を削ぎ落とし、肉体を服に見立てたこの形の変化は劇的だった。

一方この時代の建築はというと、ルイ王朝の王室建築家であったクロード・ニコラ・ルドゥー（一七三六〜一八〇六）が革命後も生き残り、装飾を減らして、無駄のない幾何学形を志向した。服も建築も古典を標榜し、バロック時代の贅肉を削ぎ落としたのだ。時代の流行は建築と服双方に同じ流れを生み落とした。そしてこの潮流は、ル・コルビュジエに至り幾何学的な完成をみる。

モダニズムには、ル・コルビュジエに至るフランスの流れとは別に、二十世紀末ウィーンの建築家アドルフ・ロース（一八七〇〜一九三三）に至るドイツの流れもあった。そちらも見てみよう。ドイツ新古典主義の流れを汲む建築家ゴットフリート・ゼンパー（一八〇三〜一八七九）は、建築には四つの要素があると言った。それらは「炉」「土台」「屋根」そして「被覆」である。被覆が意味することは、建築は構造が服を纏うことで生まれるということである。そしてほぼ一世紀後にアドルフ・ロースはこの考えを継承して被覆する素材、色、などに強くこだわる建築を設計した（図2−4）。

建築と服の共通性を感じていた建築家は、ロースのほかにもいる。同時代のドイツの建築家ヘルマン・ムテジウス(一八六一~一九二七)、ベルギーの建築家アンリ・ヴァン・デ・ヴェルデ(一八六三~一九五七)、オーストリアの建築家ヨゼフ・ホフマン(一八七〇~一九五六)(図2-5)、そしてル・コルビュジエ(図2-6)。彼らは服と建築の密接な関係に気がつき自ら服をデザインしたり、ファッション画を描いたりと、ファッションへの考えを持っていた。

しかし建築とファッションがお互いに影響し合う関係は、それ以上は続かなかった。両者は接近したが、実を結ばなかった。

なぜだろうか。すでに記したとおり、新古典主義時代に服のデザインに性差が生まれた。男性服はスーツに代表される格式高い仕立てとなり、女性服は装飾的で軽く移ろいゆくファッションと呼ばれるようになる。建築世界の人間たちは軽いファッションと手を交えることを拒否した。自分たちの建築の威厳を保つためである。結果的に建築はファッション(女性服)ではなく、男性服の考えに即し、無駄のないフォルムをつくるスーツを理想として進んだ。

スーツがギリシア彫刻にみられる理想の男性の肉体を目指したとするなら、モダニズム建築はギリシア建築に見られる秩序を目指したともいえる。モダニズム建築の特徴の一つは規則性で、これはギリシア神殿の列柱そのものなのである。

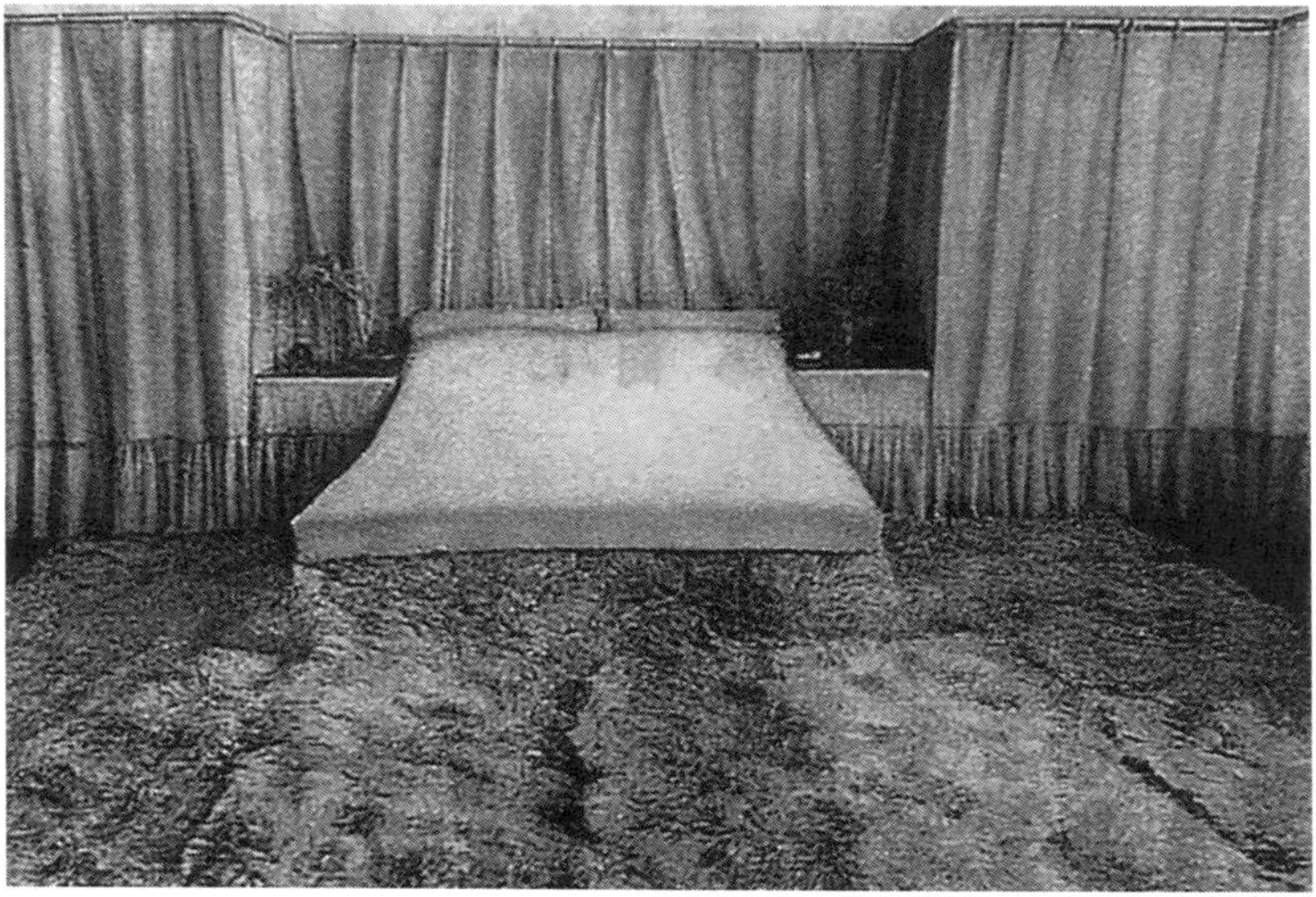

図2-4　アドルフ・ロース「リナ・ロースの寝室」　ウィーン　1903

図2-5　ヨゼフ・ホフマン
サマードレス

図2-6　ル・コルビュジエ　ドレスデザイン

ココ・シャネルとル・コルビュジエ

前項でバロックから新古典主義モダニズムの始まりまで駆け足で見た。そこで最後に登場したル・コルビュジエと、この建築界の巨匠に相当するファッション界の巨匠ココ・シャネルの偉業を比較してみたい。

ル・コルビュジエはスイスの北西部フランス語圏ラ・ショー＝ド＝フォンというスイスの時計産業の中心地である町で生まれた。ル・コルビュジエは一九〇八年にパリに移住するまでにその地で四つ、移住した後も二つの建物を設計している。しかしそれらはパリでつくり始めた衝撃的な白い箱とは異なり、ラ・ショー＝ド＝フォンに昔から建っているような民家風の香りのするものが多かった。

彼の革新性は一九二五年に開催されたパリ万国博覧会において建てられたパヴィリオンで開花する。そこには百五十に及ぶパヴィリオンが立ち並んだ。参加各国やフランスの企業団体のものであった。それらのパヴィリオンはこの博覧会の別称であるアール・デコ博覧会という名前が示す通り装飾的なものが多かったのだ。その中でル・コルビュジエのエスプリ・ヌーヴォー館とコンスタンチン・メーリニコフ（一八九〇〜一九七四）が設計したロシア構成主義風のソビエト館は突出して斬新だった。館の名前であるエスプリ・ヌーヴォーは「新精神」という意味であり、彼は一九二〇年からこの名の雑誌を発刊し、新しい建築論を集めて出版していたのである。装飾を剝ぎ取り、真っ白に塗った、屋根の平らな白い箱はここに初めて登場したのである。

他方ココ・シャネルはフランスのメーヌ＝エ＝ロワール県ソーミュールで生まれる。こちらも人口三万人以下の小さな町である。シャネルが十二歳の時に母が死去、孤児院に預けられ幼少期を過ごす。孤児院を十八で出た後は、仕立て屋で職を見つけ、キャバレーで歌を歌い暮らす中、二十六の時イギリス軍将校のボーイ・カペルの援助で住む場所を得て、その後お店を出すこととなる。

その店がドーヴィルという港町でスポーツウェアやカジュアルな服を売る店で、既述のとおり安くつくるために男性用下着に使われていたジャージを使ったガウンなどをデザインした。最初にデザインしたのが保守的なドレスなどの分野でなかったこと、彼女の惨めな生い立ち、その後出会う様々な前衛的な芸術家との共同制作などが彼女の服を斬新なものにしていった。特に世に出て働く女性のためのことを考えた機能的な服のデザインは装飾を省いた。一九二三年につくられた紳士服に使われていたツィード製の襟のないスクエア型ジャケットデザインのスーツはその後シャネルスーツと呼ばれ有名になった。シャネルはこのスーツの採寸の時に立った状態で腕を組ませ、歩きまわらせ、階段の上がり下がりを試し、体を曲げる動作を行わせるなどして、行動的な女性が着られる服を目指したのである。

ル・コルビュジエとココ・シャネルが生きている間に会ったという記録はないが、同じ頃パリから少し離れたところで生まれ、パリに憧れ、パリで活動するも、時代に迎合することなくむしろ既存の習慣を一つ一つ疑い、壊しながら前進して新しい生活を目指したパイオニア的な存在として、二人はこの時代をそれぞれの領域で新しくしたのである。

アンリアレイジと妹島和世

二〇二四年七月十九日から東京都庭園美術館正門横に小さな展示スペースが生まれ、ファッションデザイナーでアンリアレイジを主宰する森永邦彦の創作的なファッションが当館の館長であり建築家の妹島和世の監修で展示された（**図2-7**）。その服はまるで風船のようであり妹島が好んで使う球体（**図2-8**）が服に変化したかのようにも見える。この展示に森永は次のような文章を添えている。「服を着るように、空間を着ることができないだろうか。空間に住むように服に住むことはできないだろうか。まるで小さな部屋のような服・・・『移動可能な空間』としての服。それは衣と住の間であり、日常と非日常の境目でもある」

図2-7　ANREALAGE collaboration with Kazuyo Sejima "CELL"

妹島はこれまでもファッションデザイナーのための展示空間やファッションデザイナーとの対談、あるいはファッションデザインそのものをしたこともある。二〇〇九年には東京都現代美術館で「東京文化発信プロジェク

図2-8 SANAA「直島港ターミナル」 香川 2016

ト ラグジュアリー：ファッションの欲望特別展示 妹島和世による空間デザイン／コム・デ・ギャルソン」を行い東京都現代美術館の地下二階のアトリウム空間に透明感の溢れる展示空間を演出し、コム・デ・ギャルソンの服を空間に舞うように展示した。二〇一六年一月十二日には朝日新聞デジタルで日本を代表するファッションデザイナー阿部千登勢（一九六五〜）と対談をしている。二〇一九年春夏にはプラダとコラボレーションしてナイロン素材のバッグをつくった。二〇一八年にはフランスのファッションブランド、ソニア・リキエルのブランド五十周年記念で自らセーターのデザインを行った。

それまでのファッション分野でのデザインはブランドのイメージを考慮しながらも、妹島独自のデザインであったが、今回のコラボレーションは二人の個性がぶつかり合って一つになったものとしてまさにファッションと建築の境界が溶けていったような面白さがあった。

4 体を包むもの

建築とファッションの形態分析

前節の最後に紹介したアンリアレイジの風船のような服のコンセプトは、衣と住の間を繋ぐものだった。建築と服は抽象的にモデル化して考えれば極めて近しい存在である。服を少し大きくすれば建築で建築を少し小さくすれば服である。日本ではファッションを大学で教えるところは少ないが、海外では建築学科の隣にファッション学科があるのは普通である。私の友人マルタ・ムニョスはスペインのマドリード工科大学准教授である。彼女のPhD論文は建築とファッションの関係性を考察するものである。

彼女と私はマドリード、東京で日本とスペインの学生を相手に建築とファッションの統合的なデザインをするようなワークショップをやってきた。そして彼女は日本の建築家と日本のファッションデザイナーのデザインの類似性を興味深く眺めている。特に二つのデザインの中にある形態上の類似性についてである。彼女はこんな指摘をした。イッセイミヤケのプリーツ・プリーズ（図2-9）のジグザグの体を包む包摂感とSANAAが設計したフランスのサマリテーヌ・デパートの外装

（図2―10）で見せた建物を包む包摂感、コム・デ・ギャルソンのこぶドレスと藤本壮介の東京アパートメント（図2―11）の持つ凹凸感、そして山本耀司の穴服（図2―12）と石上純也のKAIT広場（図2―13）の開口の感覚をあげた。

建築とファッションの形がたまたま似ることはあるだろう。ただ両方とも

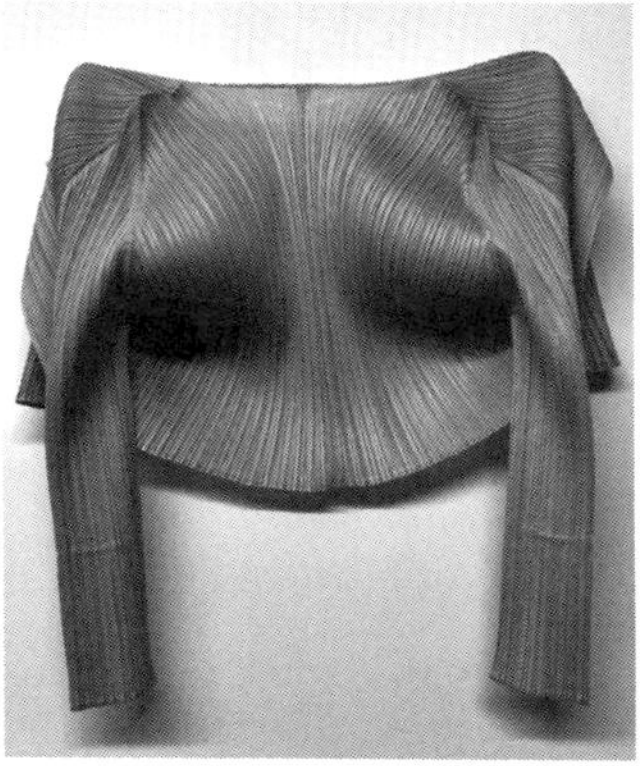

図2-9　イッセイミヤケ　pleats please

図2-10　SANAA「サマリテーヌ改修」　パリ　2021

図2-11　藤本壮介「東京アパートメント」
東京　2010

図2-12　山本耀司　ジャケット、ドレス、
パンツ　1983年春夏

図2-13　石上純也「KAIT 広場」　神奈川　2020

人間を包むものとしての共通性を持ち、双方ともそれなりの構造的な自律性を持つ造形物としての類似性がある。よってデザイナーたちはその類似性に着目しながら、お互いのデザインを参照することは十分あるし、それは創造のプロセスとして意味のあることだろう。ここでのデザインにそうした参照があるかどうかはあまり問題ではない。そういう可能性が見えがくれしていることに気づけば私たちが建築を見る技術が高まるということである。

身体を包むキネステーゼ

この章では何度も登場する川久保玲にまた登場願おう。服のジェンダー問題に意識的に服をデザインした人としてである。

ジェンダー平等の動きが戦後活発になり、服の性差がある時から疑われ始めた。

そのパイオニアは川久保玲である。彼女は男性スーツのデザインルールを緩やかにした。ジェンダーフルイド（流動的）と呼ばれる、自らの性の認識を固定化しないデザインアプローチをいち早くとった。それまでの西洋的な男性スーツの伝統である身体に合わせた仕立てを否定して、服と身体の間に隙間を入れた。すなわち、ダブダブ服をつくり始めた。

服は着用者の身体の延長として視覚的であり、着る人および第三者にとって、見るものだった。しかし川久保のダブダブ服は視覚性以前に、触覚性を重視した。それは単なる着心地を超えて、皮膚と服の間に生まれる肌と服を通したコミュニケーションと呼べるものである。つまり肌と服の間にわずかな空間があることで、肌と生地の触れ合いを自ら調節できる。気持ちよい触れ合いの強さ

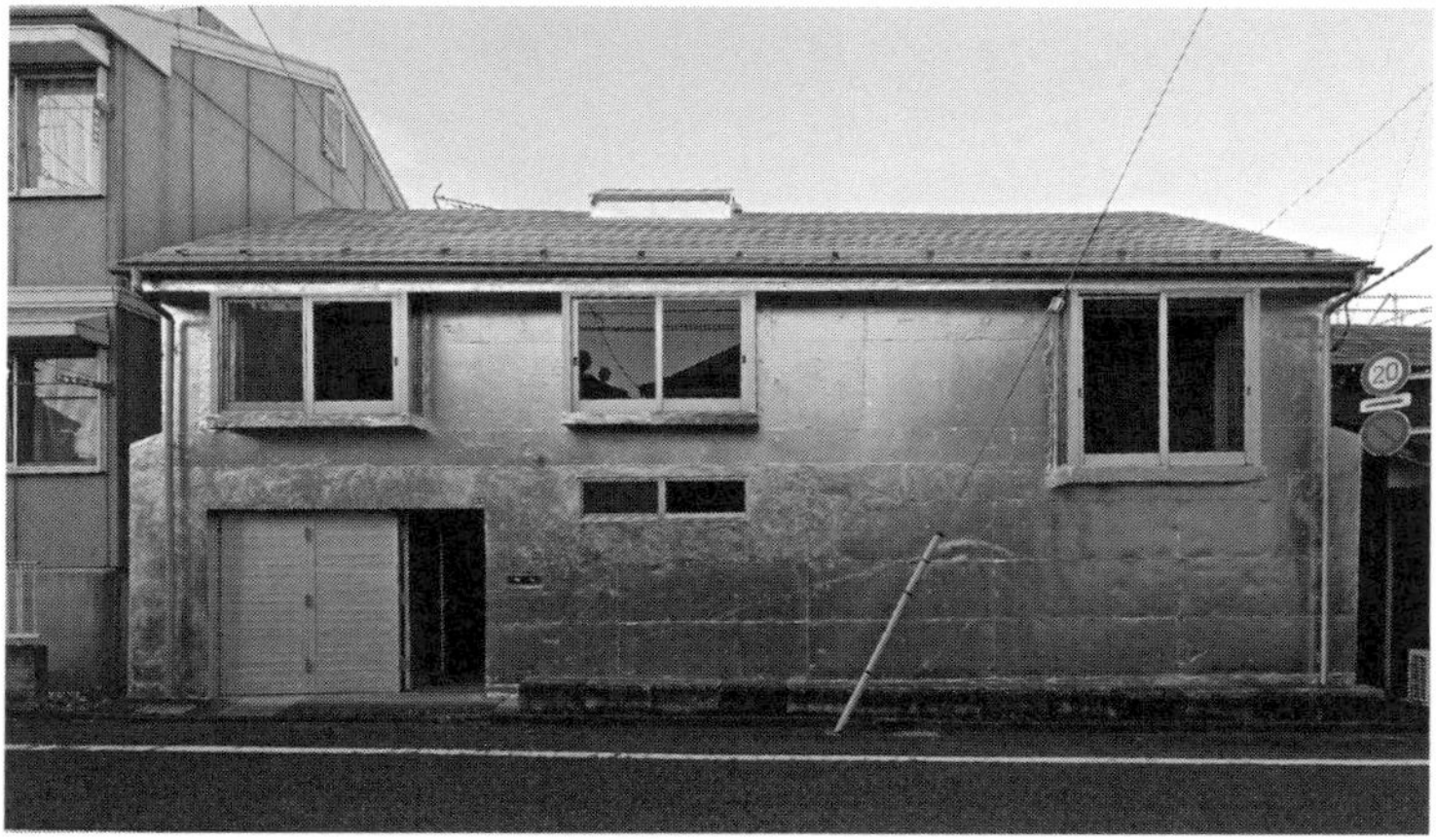

図2-14　坂本一成「水無瀬の町家」　東京　1970

やインターバルを、自らの動きによって決められるのだ。

こうした運動と知覚のつながりを、哲学用語では「キネステーゼ」と呼ぶ。ギリシア語のキネーシス（運動）とアイステーシス（感覚）の合成語である。

キネステーゼは、建築では身体性という言葉として用いられることがある。服も建築も身体を包むことにおいて目的が同じだから、似たコンセプトが生まれる。服はそもそも体にフィットするようにつくることがヨーロッパの服づくりでは一般的で、川久保のように身体と服の間に空間を入れるという考えは珍しい。一方、建築は人体よりかなり大きくつくることが一般的で、肌が建築を感じることは少ないが、意図的に（川久保が意図的にダブダブにつくるように）体に擦り寄るくらい小さく設計することもある。そうした建築の性質を身体性と呼ぶ。

建築家の坂本一成は身体性を重視して建築をつく

る建築家の一人である。彼は空間の寸法を人の寸法との関係で慎重に決め、あたかも服であるかのような空間を生み出す。坂本の設計した水無瀬《みなせ》の町家は、身体性が感得される住宅である。この建物は二階建てのコンクリートの住宅である（図2―14）。外観からして周囲の二階建ての建物に比べて小さい。中に入ると二層吹き抜けの居間があるのだが、吹き抜けが普通のものよりはかなり低い。建物全体を身体に纏うような小さいサイズで設計しているからだ。よって、建物に入ると少し大きな服を羽織ったような肌感覚を受け取ることになる。

この小さなサイズの建物を肌感覚で感じ取るのは日本建築の伝統の中でも茶室によく現れている。利休のつくった妙喜庵は二畳しかない。そして天井高さは一・八メートルである。現代人なら頭がぶつかる人も多いだろう。

利休の意図はこの狭い世界に二人して茶を飲むことで親密感を得るとともにミクロコスモスを味わうことであった。しかしこれだけ小さい空間に入ると私たちはまず肌で建築を感じる。実際に壁に触れなくても目で見て触覚を感じるであろう（図2―15）。

筆者も、服の寸法と、身体を超越した寸法を連動させながら、設計することがある。一つの空間に二つの寸法を入れることで、開放感と囲われ感の双方を連続的に感じ取れることを狙う。一般的に、身体性を重視すると、スペクタクル（視覚性）を失うことが多く、トレードオフと考えられがちだ。しかし筆者は二つを両立させたいと考えている。少し欲張りだが、視覚にも触覚にも訴える建築と服は可能だろうと考えている（図2―16）。

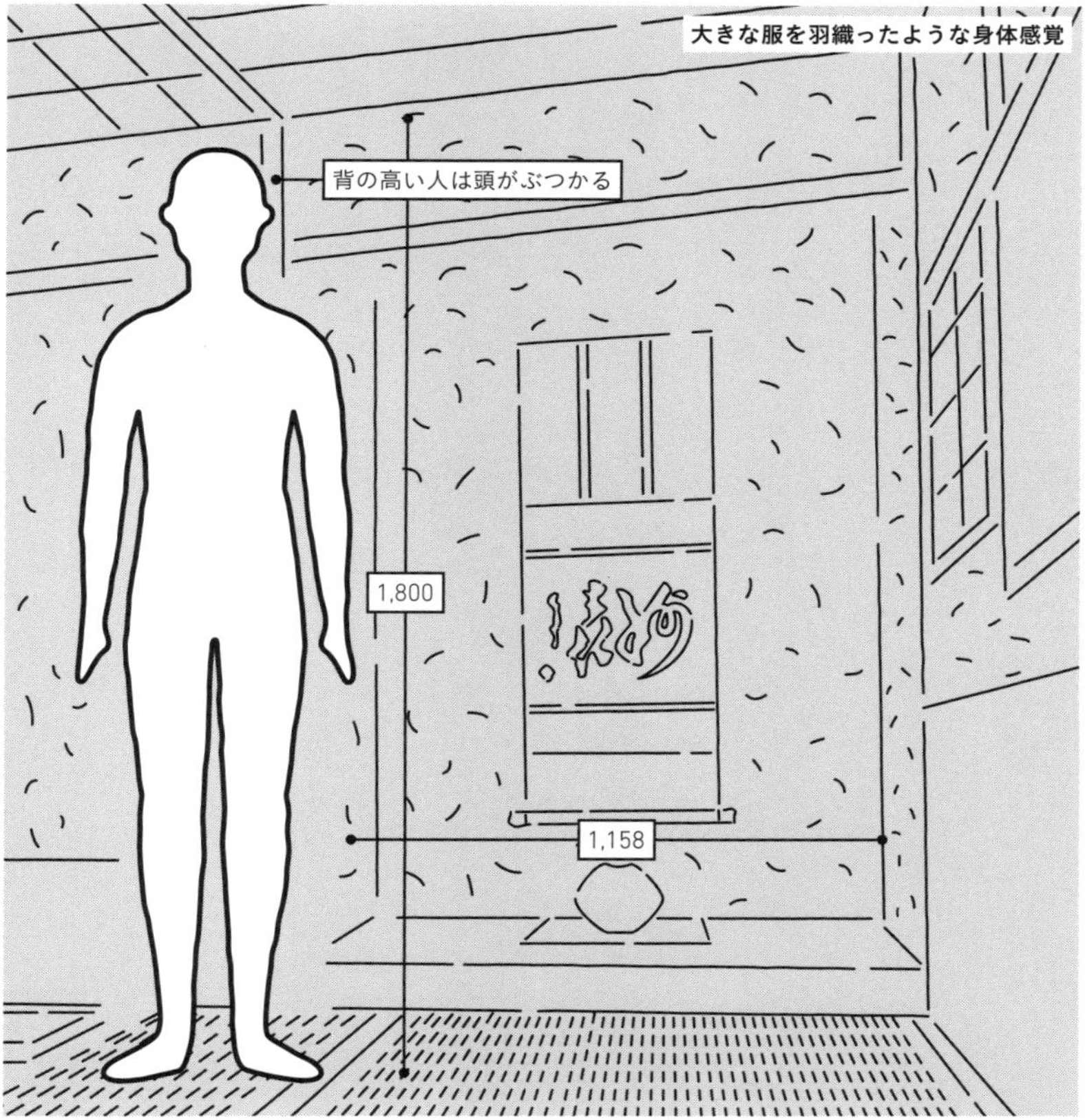

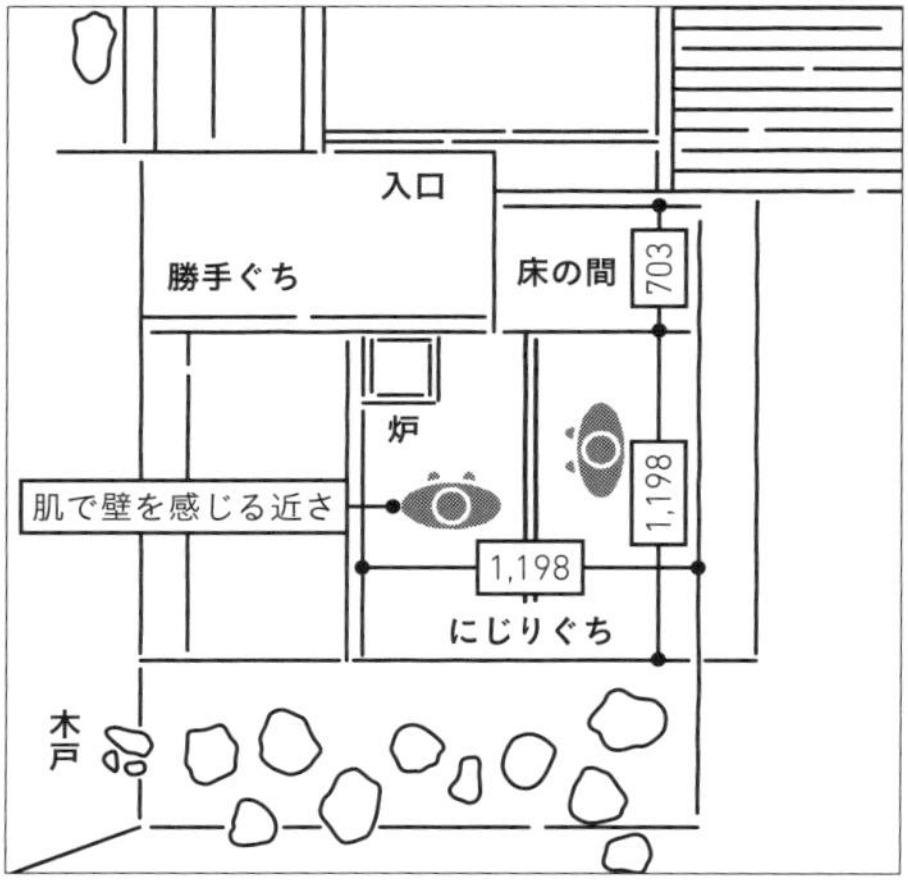

図2-15　千利休「妙喜庵待庵」
京都　1492-1501

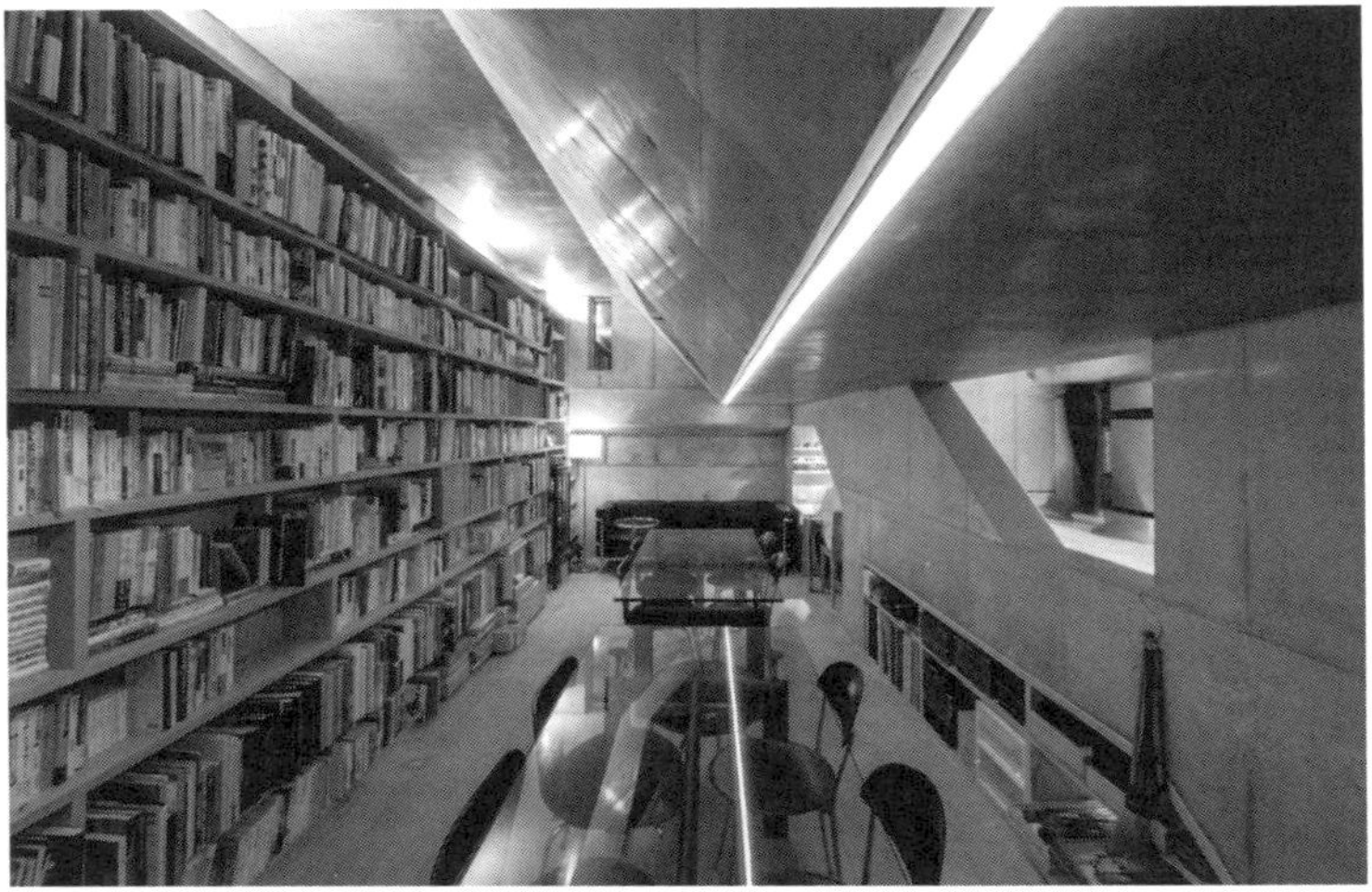

図2-16　坂牛卓「運動と風景」　東京　2019

参考書

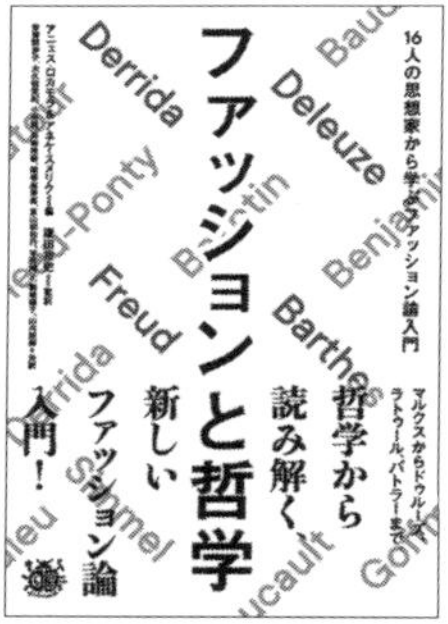

アニエス・ロカモラ、アネケ・スメリク
『ファッションと哲学——16人の思想家から学ぶファッション論入門』
蘆田裕史監訳、安齋詩歩子ほか訳、フィルムアート社、二〇一八（二〇一六）

ファッションに哲学があるのかと訝る人もいるかもしれません。しかしそれは男のダンディズムについてファッションに一家言ある人がもの申すというようなものではなくて、マルクスからラトゥールまで近代、現代の重鎮から若手にいたる哲学者が語るファッションです。キネステーゼはこの中で語られていたものでこれ以外にも本書を読むと新しい概念に出会えるかもしれません。

建築の起源としての人と自然

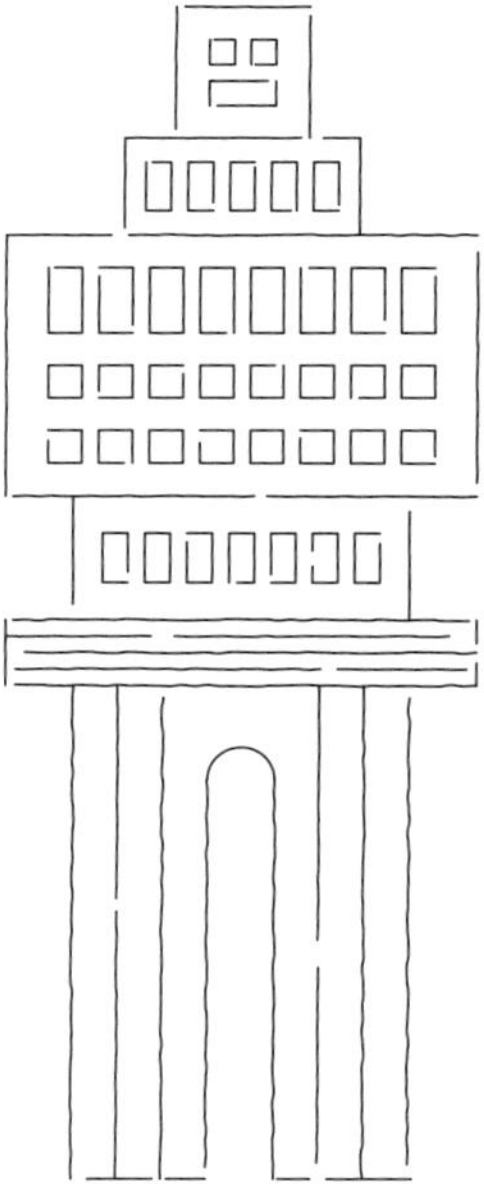

3章 建築と人間の相似

1 柱の持つ人間性

柱には男と女がいた

建築は人間だというこの類推の発端はローマ時代の建築家であり建築理論家であった、マルクス・ウィトルウィウス・ポッリオ（BC八〇ごろ～BC一五ごろ）が著書『ウィトルーウィウス建築書』（東海大学出版会、一九七九（BC三三～二二））の中で柱を人に見立てたのが最初であろう。そして人体には理想の比率体系があるように、神殿も比率に則って設計されるべきであろうと述べたのである。さらに柱を人に見立てドリス式柱に男性性、イオニア式柱に女性性、コリント式柱に少女性を見出した。

柱のデザインの差を言い表すのになぜ男女性が使われたのかは、最終的にはわからない。しかし推測するに、それはその前に柱（建築）を人間同様に理想の比率体系だとみなしたところから始まっている。この建築を人に見なす見立てはこうしてローマに始まり、なんと現代にまで続き、いまだにポーランド生まれの建築史家ジョゼフ・リックワート（一九二六～）の名著『The Dancing Column（踊る柱）』（MIT Press 一九九六年）でもこうした議論が行われている。二千年続く話題なのである。

そこで柱で始まった男女性の広がりを考えたい。そもそも柱に男と女がいたという認識だったものが、ある時からそれが柱だけではなく、建物全体に敷衍して考えられるようになり、さらに男性的という言葉が品格を持つという意味合いになり、近代に入り男性性が優位に立つのである。

またフランスでは十八世紀中頃くらいからシンプルで端正を尊ぶ新古典主義の考え方が芽生え、ロココの華やかな文化を攻撃する意味で「男性的なシンプルさ」というような言葉で男性性が優位に立つ表現が生まれた。建築を教えるアカデミーという芸術学校で男性性優位を教科書で説き、建築教育をしたのがJ＝F・ブロンデル（一七〇五～一七七四）という建築家である。しかし彼は男性的建築が永続性を持つとする一方で女性的建築を切り捨てることなく、適度なあいまい性を持った建築と形容して容認した。

図3-1　H・H・リチャードソン「マーシャル・フィールド倉庫」シカゴ　1887

時代が近代に入り文化的歴史の浅いアメリカでは、自らの文化の劣等性を自虐的になぜか女性的という言葉で表していた。そんな中アメリカの建築家H・H・リチャードソン（一八三八～一八八六）がシカゴに設計したマーシャル・フィールド倉庫（一八八七）（**図3-1**）のどっしりとした勇ましい姿を、リチャードソンより少し若いアメリカの新進気鋭の建築家ルイス・サリヴァン（一八五六～一九二四）がこう評したのである。「さあ、この男を見よ。四つ足ではなく二本の足で歩き、活動的な筋肉や心臓や肺などの臓器を持った、この男を。…本物の男、男らしい男。雄々しい力——雄大な活力に満ちた、エネルギーに溢れた力——完全なる男性」

しかしこれ以降、モダニズムの時代（というのは概ね二十世紀）、男、女という比喩は建築界で使われなくなる。その理由はモダニズムというのは、建築の純粋性を大事にしたので、建築を比喩などで語ることをよしとしなかったからである。

そんな時代状況について、建築史家のエイドリアン・フォーティー（一九四八〜）はとても興味深いことを言っている。男、女という言葉は使われなくなったが、それまで男、女で表していた内容を別の言葉を使って継続的に表現していると。そしてその言葉は「形態」であるというのである。

話は時代的に少し遡るのだが、形態という概念はイマヌエル・カント（一七二四〜一八〇四）によって近代的価値として位置づけられる。カントは著書『判断力批判』の中で絵画の美は輪郭線で決まるのであって、輪郭線の内側に塗られた色はその絵の美しさには無関係だと言った人である。輪郭線は形を表すのであるから形が大事だと言ったのである。

そしてその形の役割について後にスイスの美術史家ハインリッヒ・ヴェルフリン（一八六四〜一九四五）はバロック建築を例に取り、形態は静的であるが、その形態が内部の運動を表現すると分析した。この形態運動論の元祖はドイツ美術史学の太祖とも言えるヨハン・ヨアヒム・ヴィンケルマンがギリシア彫刻における男性像の美しさを讃えたことに始まると言われている。その典型として彼が称賛したのがラオコオン像（図3-2）である。彼は筋肉と精神の結合と集約が静的な形態に表象されていると考えた。つまり形態が筋肉の運動を表していると考えた。そしてその筋肉は男にしかないことを前提で語っていたのである。

整理すると、カント以来の形態重視における形態は運動を表象するものであり、その考え方の基礎に男性像があるということである。

この男性優先主義はおそらく色々な文脈と絡んでいる。西欧においては宗教の男性優位、家父長制、などが建築概念としての男性性優位を背後から支えてきたのだろう。

他方日本はどうかというと、宗教的な性差別は少ないのだが、家父長制は厳然として存在した。さらに、建築に与えられている役割は西洋のそれが基本的には敵から身を守る砦であることに対して、夏を旨とすべしというのが日本国だから、壁の少ない開放性を重視してつくられている。西洋の砦のようにはならない。つまり西洋的な意味での男性的建築にはならないのである。

図3-2 ラオコオン像

また日本文化の二つの源泉を縄文、弥生に見る見方が近代に入り定着する。その発案者の一人哲学者谷川徹三（一八九五～一九八九）の言葉を借りれば、縄文が男性的、弥生は女性的で、日本が日本らしさを獲得した遣唐使廃止以降の日本文化はこの弥生の女性性を受け継いだものだと言われる。

さらに現代的に見ると、現代建築を「かわいい」という形容詞で分析した都市・建築プランナーの真壁智治（一九四三

〜）によれば、「かわいい」の発生源は現代日本の女系文化にあるという。つまり男性が猛烈サラリーマンとなって家に帰らないので、家は母が支配するようになり、子どもは母に育てられ、娘も息子も女性化する。そんな若者の趣向は女性的になるというのが真壁の分析だ。一理あると思う。

さて言語というのは差異の構造であるから、何かと何かの差を言い表すことが使命である。とはいえ建築を男女の比喩で表すことに必然はあるのだろうか。性差の意味が希薄になる現代において性を建築の根拠にするのは判断を見誤るかもしれない。

柱と人間の比率

ウィトルウィウスが『建築書』の中であげた柱のもう一つの重要性である比率についてお話ししよう。彼は柱底部の直径がその建物の全体の基準寸法となり各部の大きさはその基準寸法の倍数となると指摘したのである。そしてこの基準寸法は人体の各部の大きさにも見られることだとして、次のようなことを述べた。

「頭部顔面は顎から額の上毛髪の生え際まで十分の一、同じく掌《てのひら》も手首から中指の先端まで同量。頭は顎からいちばん上の頂まで八分の一、首の付け根を含む胸のいちばん上から頭髪の生えぎわまで六分の一、〈胸の中央から〉いちばん上の頭頂まで四分の一。顔そのものの高さの三分の一が顎の下から鼻孔までとなり、鼻も鼻孔の下から両眉の中央の限界線まで同量。この限界線から頭髪の生え際まで額も同じく三分の一。足は、実に背丈の六分の一、腕は四分の一、胸も同じく四分の一。……」（『ウィトルーウィウス建築書』（森田慶一訳、東海選書、一九七九））

こうした人体寸法の比率の考え方はルネサンスの時代に入り、レオナルド・ダ・ヴィンチ（一四五二～一五一九）によって人体図として図化された（**図3―3**）。

さてそのルネサンスの時代にウィトルウィウスを継承するように建築における比率の重要性を主張した建築家がいた。レオン・バティスタ・アルベルティ（一四〇四～一四七二）である。しかし彼は徹底してその比率を数値的に極めたのだが、人体との関係については言及しなかった。ウィトルウィウスとアルベルティを範として比率を主張したイタリアの建築家アンドレア・パラディオ（一五〇八～一五八〇）も人体には言及しなかった。その後比率に言及した建築家は近代に入って登場したル・コルビュジエである。彼はモデュロールという建築を人間寸法に調和させるツールをつくった。そのツールの詳細は後述するが、ギリシアから現代まで建築は時として人間サイズとの関連性で語られるのである。特にギリシアの時代は柱がその基準だったということは覚えておいてよい。柱は建築の元素みたいなものだったのである。西洋を旅すると古い立派な建物には前面に大体列柱が建っているのは、柱が基本だからである。

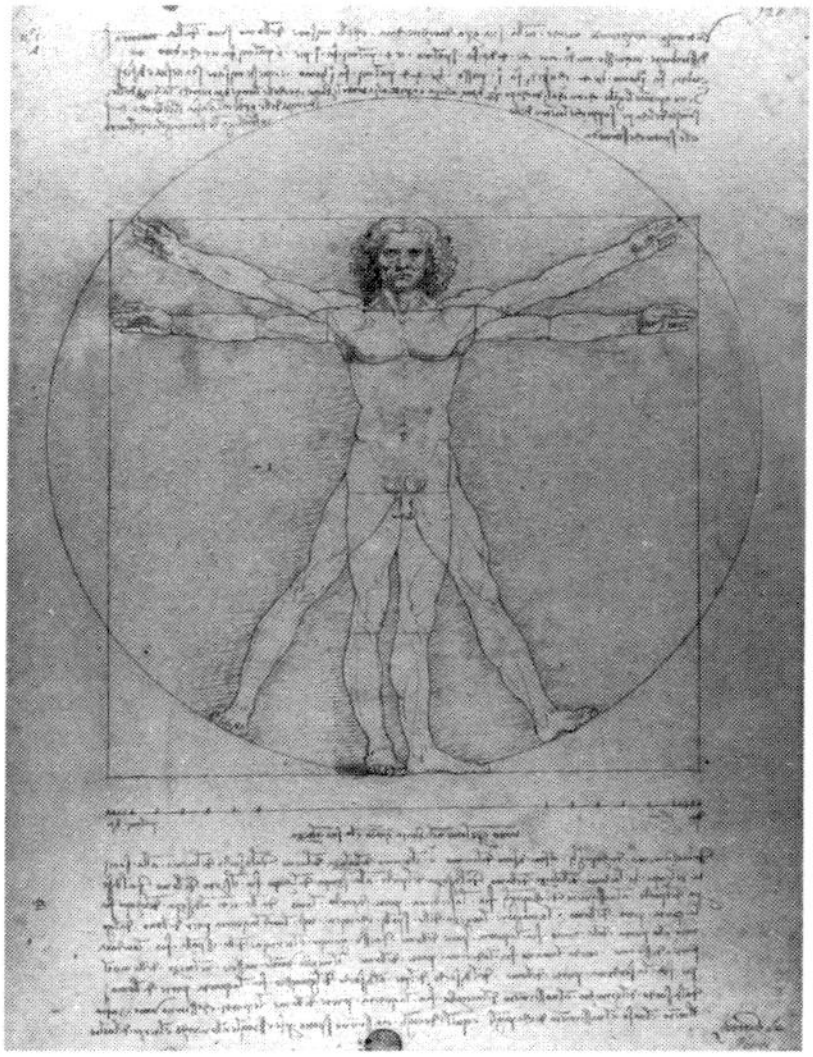

図3-3　レオナルド・ダ・ヴィンチ《ウィトルウィウス的人体図》　1487頃

2　オヤジ建築とオフクロ建築

モダニストのオヤジ性

さて前節で建築の男女性をお話ししたが、次はオヤジとオフクロについてである。男女性で話したことはあくまで建築の形態的な特徴を言い表す比喩としての男女性である。ここから話すオヤジとオフクロは形姿の問題ではなく、性格の問題である。オヤジのような性格の建築とオフクロのような性格の建築があるという意味である。

そこで先ずオヤジとオフクロの性格をここで確認するためにこの写真を見てもらいたい。これはスイス生まれのアメリカの写真家、ロバート・フランク（一九二四〜二〇一九）が一九五五年に撮影した《Hotel Lobby, Miami Beach》という写真である（**図3-4**）。この写真の意図は置いておいて、この写真から受ける感じが重要である。奥に写っている男性はしかめ面をして口をへの字に結び何かに不満そうな顔である。一方手前に写っている女性は丸い目で何かを見つつ、それに語りかけそうに口が半分開いている。この老夫婦はホテルのロビーでもう会計を済ませて帰ろうとしているかのようである。周りには息子夫婦と孫でもいそうだ。

さてこの二人の顔が、二人の性格を如実に物語っている。お爺さんは唯我独尊で孫がちょっかいを出しても笑いもせず、自分流は崩さない。一方お婆さんは包容力があって孫に抱っこをせがまれればすぐにでもしてあげる、飛び込んでくるものは拒まずという体である。

そう、私が言うオヤジ性とはこのお爺さんの性格である。そしてオフクロ性とはこのお婆さんそのものである。つまり建築にもこうした唯我独尊タイプと包容力のあるタイプの二つがあるということなのである。それはどういうことかというと、姿形がこういう厳しさと穏やかさを持っているというよりかは（そういうことも少しは関係してくるかもしれないけれど）その建物に入りやすいか入りにくいか、そこにいて居心地がいいか悪いか、その建物のデザインセンスに合わない家具は置いてはいけないか。というようなことを左右する建物の性格のことを言っている。

さてそれで二十世紀後半にオヤジ性とオフクロ性という二つの建築をつくるグループが現れて、

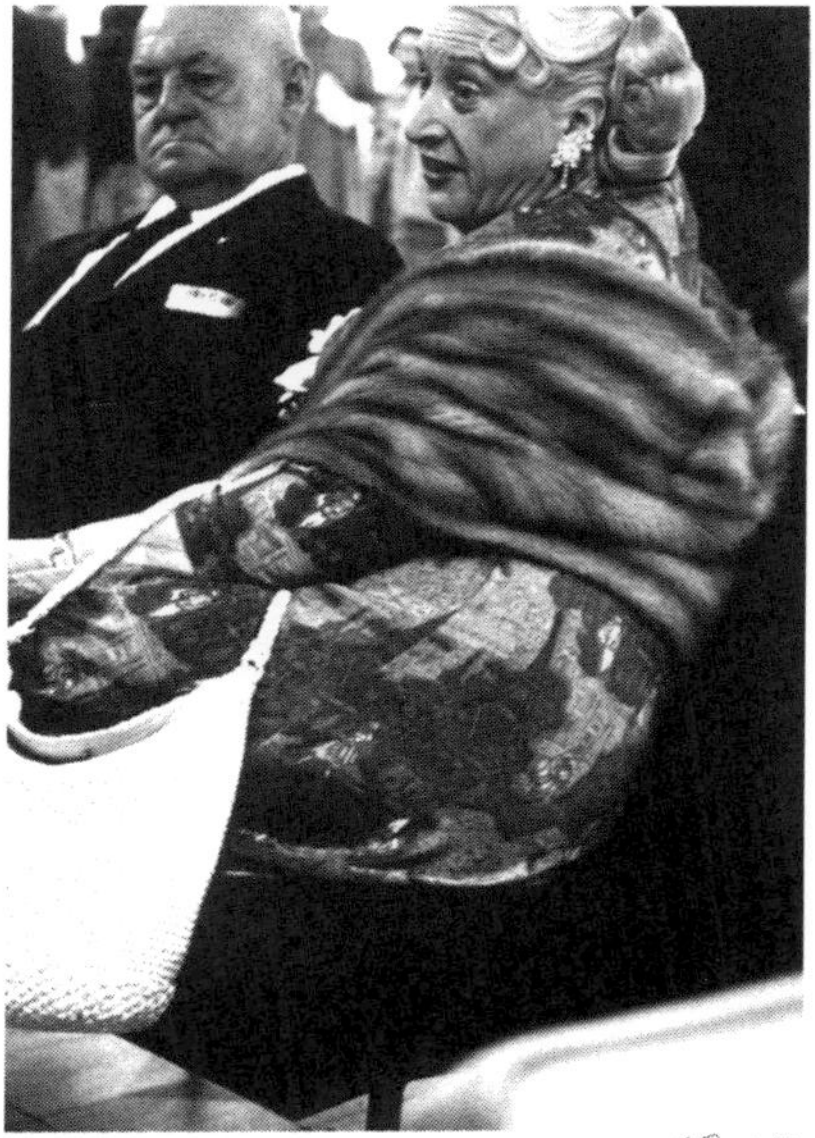

図3-4　ロバート・フランク《Hotel Lobby, Miami Beach》　1955-56

その二つのグループが面と向かってやりあう事件が一九七四年に起こった。場所はアメリカ西海岸の名門大学UCLA（カリフォルニア大学ロサンゼルス校）である。アメリカ中から精鋭な建築家が集まった。そしてオヤジ派はホワイト、オフクロ派はグレーと命名されたのである。ホワイトを代表する建築家はピーター・アイゼンマン（一九三二〜）、リチャード・マイヤー（一九三四〜）、グレーを代表する建築家はチャールズ・ムーア（一九二五〜一九九三）、ロバート・A・M・スターン（一九三九〜）、などである。なぜ彼らがホワイトとグレーと呼ばれるかといえば、ホワイト派の人たちは二十世紀初頭に世界の建築を席巻したル・コルビュジエがつくった白い建築を何らかの形で継承しようと考えていたからである。他方グレーと呼ばれる人たちはその考えに疑義を呈していたからである。

なぜホワイトの人たちはオヤジ的でグレーの人たちはオフクロ的なのか、まずホワイトがオヤジ的であるというところから説明していこう。そこでホワイト派の起源でもあるル・コルビュジエだが、2章の3節でココ・シャネルと比較してお話しした。彼はスイスの田舎で生まれ若くしてパリに行き、一九二五年にアール・デコ博でエスプリ・ヌーヴォー館という真っ白い箱のパヴィリオンを設計して人々を驚かした建築家である。その白い箱は世界中に伝搬した。創造というものはなんでもそうだけれど、その創造物が世界に少なければ少ないほど希少価値があり、世間の耳目を引くけれど、それがデフォルトになるほど普及すると、もはや同じものをつくっても創造的とは呼ばれない。だから白い箱が世界に行き渡ったあたりで、もはやその芸術的価値はなくなるようなものなのだ。しかし、これがどうして、芸術というものは、オリジナルのヴァリエーションも時として価値を持つ。例えばルネサンスという様式の後にマニエリスムというルネサンスの変形みたいなものが現れたし、バロックという芸術様式の後にロココというヴァリエーションが生まれた。二番煎じはどうしても二番というレッテルを貼られるので一番ほどのインパクトはないけれど、それでも大局的に見るとそれなりの価値を持つ場合がある。

ホワイト派の人たちはそれぞれがモダニズムの白い建築の特質を引き受けながら自分流を注ぎ込み、ホワイトヴァリエーションをつくり注目された。そしてホワイト派はそれぞれが少し異なるスタイルなのだが、皆に共通する思想が一つあった。それは、ホワイト派はホワイト派しか許容しないという思想である。ホワイト派がその前の時代の新古典主義とかバロックの椅子とか机を建物内に持ち込むことは禁止なのである。こういう思想を英語ではexclusive、日本語にすれば排他的ということになろう。そう、もう一回パラフレーズすると唯我独尊である。

ホワイト派の元祖はル・コルビュジエだが、もう一人モダニズムの巨匠にミース・ファン・デル・ローエ（一八八六〜一九六九）がいる。ドイツ生まれでアメリカに亡命した建築家である。この二人の代表作にサヴォワ邸（一九三一年）、バルセロナ・パヴィリオン（一九二九年）がある。その内観を見ると、二人ともその空間にあった椅子を自分でデザインしているのである（図3-5、3-6）。もちろん他の人がデザインした家具を入れるなんていうことは考えたこともないだろうし、間違って後世の人が例えば、ヴェルサイユ宮殿にあるようなバロックの家具を持ってきたらどうだろう。それは常識のない人がやることだということになる。つまりホワイトの空間にはホワイトを入れるということは感覚的にも理性的にも常識なのである。

グレー派のオフクロ性

このことに一番文句を言いたかったのがグレー派の人たちだった。なぜ君たちはそんなに了見が狭いのだと、なぜもっと心を広く持てないのだと、きっとそう言って彼らを責めたのではなかろう

図3-5　ル・コルビュジエ「シェーズロングLC4」 1928

図3-6　ミース・ファンデル・ローエ「バルセロナ・チェア」 1929

か。実は筆者がアメリカ留学した場所がこの議論のあったＵＣＬＡで、先生はこのグレー派のチャールズ・ムーア（一九二五〜一九九三）だったのである。だからなんとなく彼の気持ちを推しはかるとそんなことを言いたかったのだろうと思うのだ。

彼は体格も顔つきも前掲写真のオフクロのような人で、巨漢で太っていてとっても優しくて何を言っても怒らない、そんな人だった。そして何よりも私がアメリカに行って驚いたことがあった。それは彼をグレー派だよなと思わせることだった。

ＵＣＬＡでの彼の指導が始まって数日して、彼がその頃完成させたセントマシューズ・エピスコパル教会（一九八三）（**図3-7**）の設計のやり方を説明してくれたのである。それは今では当たり前のようにやられているワークショップ方式だった。信者の人たちとディスカッションをしながらデザインを決定するという方法だったのである。

これにはかなり驚いた。建築の設計の決定は建築家が行うものだと信じていたからだ。そしてそういうことを私に叩き込んでくれたのは恩師篠原一男という建築家で、彼は唯我独尊タイプの建築家だったのである。そういうとなんだか身勝手な建築家に聞こえるが、私が留学する頃の八〇年代の建築家は安藤忠雄（一九四一〜）にしても磯崎新（一九三一〜二〇二二）にしても、まあ建築というものは彼ら建築家がつくるものだったのである。

それがアメリカに来たらこんなつくり方をする建築家がいるというのには驚いた。しかしそれこそがグレー派チャールズ・ムーアがホワイト派に異議申し立てをした最大のポイントだったのである。つまりホワイト派はホワイト派しか受け入れないという了見の狭さである。

図3-7　チャールズ・ムーア「セントマシューズ・エピスコパル教会」　フェニックス　1983

　だからグレー派はどうしたかといえば、自分の考えと異なる人の意見も聞く、どんな人でも受け入れる。これを英語ではinclusive、日本語なら寛容的とでも言おうか。そしてその考え方を建築に入れ込もうとするなら設計の決定権を、それを使う人と分かち合うということになる。それを私はアメリカへ行って最初に教えられたのである。驚きの設計方法だった。

強いオフクロ

　しかしこのグレー派の方法は実に両刃の剣である。誰の意見も受け入れるというと聞こえはいいが、そうしたら建築家は意見調整係なのか、その設計の、デザインの責任はどこにあるのかがよく見えない。結局何でもいいのかという疑問が湧く。いやそれに対して、なんでもいい、見栄えや空間など問題ではなく、つくったものに全員が満足するほうが大切だという考えもあるし、現代ではそういう意見のほうが強い可能性もある。

　だから現代にはこの徹底した優しいオフクロという考え

がどこかにある。しかし一方でオフクロはオフクロだけど強いオフクロを待望する向きもある。その強いオフクロとは何かというと、一言で言えばなんでも受け入れるのではなく、よく見て選んで受け入れる。しかしそれは今までの建築はとても受け入れなかったようなものであり、その意味で寛容な建築である。

その一例として日本の設計ユニット、アトリエ・ワンが設計したガエハウス（二〇〇三年）（**図3−8**）を見てみよう。この建物は都内の住宅街に立つ個人住宅である。しかし見ての通り屋根が本体くらい大きい。まるで童話に出てくるキノコの家である。この建物がこういう形状をしているのは建築の外形に関わる斜線制限という法規によって建物の建てられる範囲が規定されていることに関係する。この建物はその規定範囲の中で可能な範囲をギリギリまでを使うことによって決まった形なのである。つまりこの建物の重要な部分である屋根の形状は設計者の美的な感覚とか内部機能の要求などからではなく、法律によって決まったのである。

一般に建築の設計をしていく上で建築基準法という法律は建築の質や周囲の環境との関係などから最低限守らなければいけないルールだ。だから法律に抵触しないように設計するのは当然のことなのだが、その法律を逆にデザインを決定するルールとして使用するということはなかった。それを彼らはやったのだが、それによってどういうことが起こったのだろうか。それは既述の通り、今まで見たことのないような巨大な屋根が生まれた。しかしこの法律に則っているのはこの建物だけではなく、向こう三軒両隣も同様である。だから屋根の傾斜は周囲の建物もこの建物と同じなのである。この建物はその可能範囲いっぱいに建てているから、上の方に必要以上に高くなっているが屋根の下の方は周りの家と同じ形をしている。つまり街並みの連続性がある程度維持されているのである。

図3-8　アトリエ・ワン「ガエハウス」　東京　2003

このことをこんなふうに解釈してもいい。東京大学の名誉教授であり美学者の小田部胤久（一九五八〜）は「様式とハビトゥス」（山田忠彰、小田部胤久編『スタイルの美学』ナカニシヤ出版、二〇〇〇所収）という論考の中で芸術家は人と同じことをしていてもダメで、自ら新しいスタイルを築かなければいけないけれども、それが独りよがりでもダメで社会の規範となっていないといけないと言っている。ガエハウスのあり方はこの言葉のイメージにかなり近い。かなり独創的なことと社会の規範的なこと（法律）を両立させているという意味においてである。

さてオヤジオフクロの話に戻ると、ガエハウスはアトリエ・ワン以外を受け入れないというような唯我独尊的な態度はなく、色々なものに目配せしているが、この建物では法律という他者を受け入れたのである。つまり受け入れるものはなんでもいいよというような姿勢ではない。しかし受け入れたものは徹底して使う。この辺りはオヤジ的でもある。誰がなんと言おうと最後まで使うという姿勢を崩さない。だからオフクロ的なのだけれどやたら強いオフクロなのである。

3 現代建築は妖怪

シンメトリーの崩壊

本章の1節でローマの建築家ウィトルウィウスを紹介した。人間には標準の比率体系があるように建築にも標準の比率体系がある。そう言ってギリシア建築を分析して、柱の直径を基準にしてその倍数で建物の各所の大きさや長さが決定されていることを示した人だ。

　ところでギリシア、ローマの建築と人間が決定的に類似していることはその標準的な比率もさることながら、見た目で一目瞭然なのは左右対称という点である。私はこれこそがギリシア・ローマ建築と人間、いや魚から哺乳類まで動く生き物のほとんどに見られる類似性であると思う。そして動く生き物は同じ種なら似たような姿形をしている。ということは、どの種においてもその種のどこかの部位の大きさを基準寸法にとれば、各部位の大きさはある一定の比率関係を持つことになるのである。

　つまり建築は人間的なわけではなく、動く生き物全般と類似しているのである。そして建築の歴史を紐解いていくと、ある時建築の左右対称性は崩れる。それは建築を生み出す原動力が変化した頃である。それまでその源は宗教、権力、美学のようなものだったのだが、資本、機能、民主主義などへ移動した頃である。つまり十六世紀頃から宗教改革、市民革命、産業革命などが起こり社会が変化し、それに連動して、フランスの建築家クロード・ニコラ・ルドゥー（一七三六〜一八〇六）がシンプルな幾何学的形態を模索し、オーストリアの建築家オットー・ヴァーグナー（一八四一〜一九一八）が建築の目的性を重視した。そうした流れの中で建築は造形芸術から変化して、あのル・コルビュジエにこう言わしめたのである。「住宅は住むための機械」であると。これによって建築は芸術から機械になった。それは正常に効率よく作動するべきものであり、見栄えというようなものは二の次になる。そのとき建築の中にデフォルトとして存在していた左右対称の概念は吹き飛び、もちろん標準の比率体形などお呼びではなくなった。そして何よりも建築が暗黙のうちに標準としていた人間を含めた生き物との相関は不要となったのである。

そこで建築が目指したのは、必要に応じた空間や機能の配置である。それが左右対称である必然はなく、そのバランスは失われた。だから人間ではなくなり、あえて言えばそれは妖怪となったのである。

妖怪とは異常現象、科学では説明のつかないことなどと言われ、少し不気味である。そしてその不気味さが現われるのは、その姿が想像の範囲を超えるという時ではなく、見慣れたものにちょっと違う微妙な差異が見られる時である。見慣れたものとはもちろん人間であり、妖怪は人間のようだけど人間の持っている部分と他の部分との比率がちょっとずれているから怖いのである。このろくろ首（図3-9）はちょっとどころかだいぶ違う。人間の持っている首の長さは、手のひらの幅くらいという普通の長さを大きく逸脱している。実はちょっと逸脱しているくらいの方が本当は怖い。このくらい逸脱すると怖いを通り越して滑稽という風にも見える。

いずれにしても妖怪というのは人間の持っている比率からズレたものであり、人間の持っていた左右対称性を壊したものでもある。それは建築が近代に入り古典建築が持っていた比率関係を崩し加えて左右対称を壊したのとよく似ている。

妖怪の中には頭も首もないというものもある。その妖怪の口はお腹についているのだが、近代建築は

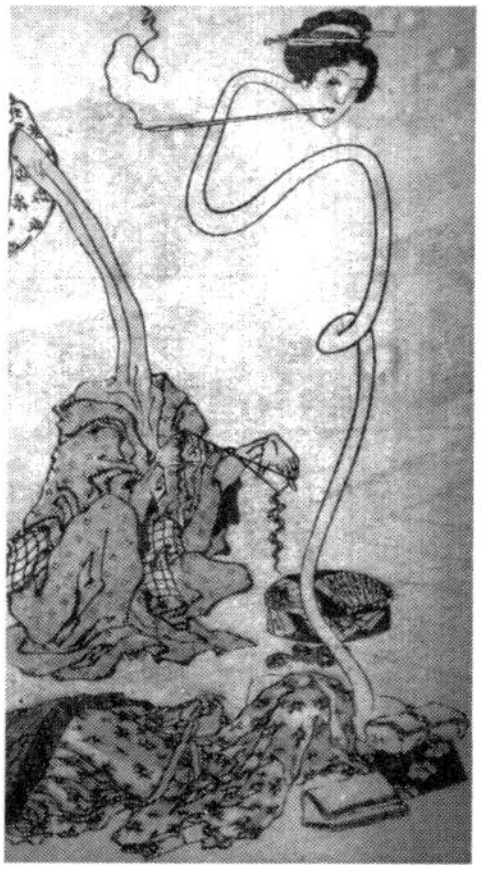

図3-9　ろくろ首

図3-10 ル・コルビュジエ「チャンディガール州会議事堂」 チャンディガール 1962

洋の東西を問わず、屋根をなくして平らにした。それは人間の頭を切り取ったこの妖怪にそっくりである。

原広司とル・コルビュジエの妖怪性

京都駅や大阪の梅田スカイビルは皆知るところだが、それ以外にも多くの名建築をつくった建築家で東京大学名誉教授の原広司（一九三六〜二〇二五）は妖怪建築家である。原が三十一歳にして書いた『建築に何が可能か』（学芸書林、一九六七）というタイトルからして挑戦的な書物がある。この本の中で原はル・コルビュジエの妖怪性について説明している。ル・コルビュジエは人間的なことと妖怪的なことの両方をやった人なので先ず人間的なことについて説明しよう。彼は1節でお話ししたモデュロールという概念をつくった建築家だ。それはフランス語の造語で、寸法を意味するモデュール

図3-11　原広司「飯田市美術博物館」　長野　1988

（module）と黄金比（section d'or）を組み合わせたもの。彼は臍の高さと身長が黄金比になっていることに注目し、人体寸法をフィボナッチ数列（1,1,2,3,5,8,13,...のように前二項の和が次の項となる数列）で分割し、独自の寸法体系をつくり、その体系を使って家具から建築までをデザインしたのである。それはウィトルウィウスに始まる、基準寸法の比率で各部の寸法を決める人間的な建築設計の方法に近いものである。その意味でこのモデュロールはル・コルビュジエの人間的な部分と言える。

さて次は彼の妖怪的な部分を原広司の解説で見てみよう。原はル・コルビュジエの建築のつくり方は独立した形態を加算していくと分析した（**図3-10**）。ル・コルビュジエの建築には円筒形や角錐など様々な形が散見される。それらの形は全体的に統合されるというよりかは、それぞれの形が自由な表情を持っている。つまり全体が部分を規定するのではなく、部分が全体をつくり上げていると原は考えた。

　そして原自身も建築を部分から考えることを宣言するのである。そしてさらに二十年後に原は『空間〈機能から様相へ〉』（岩波書店、一九八七）を上梓した。彼はそのなかでこう言う。「部分と全体をめぐる論理が建築を考えてゆくうえでの基本となると考えたのはかなり以前のことで、拙著『建築に何が可能か』でも、このテーマを論じている。そこでうちだした方針は〈部分から全体へ〉と要約され、これは現在も変わっていない」と述べて部分優先の設計を目指すことを表明するのである。

　原の建物のほとんど全てにはその理念が基本的に貫かれている。よってその建物前に立った時に、建物の全体性よりも前に、部分の形態に目がいき、無数の部分形態の集積を感ずるのである。たとえば原の設計である飯田市美術博物館（図3-11）も強く部分の集積が現れた建築である。しかしこの建物の周囲を見渡すとこの集積は自然の形態の集まりと同質というふうにも感ずる。自然の中には一つとして同じ形はない、そしてその集合体は自然の循環によって淘汰されたり成長したりしている。そこにあるのは全体ではなく、無数の生命体という部分の集合なのである。

　同じ原の設計した京都駅ビル（図3-12）を見てみよう。この建物には誰もが一度は行ったことがあるだろう。この建物を見ると、あちこちに色々な形や色があることに気づくと思う。よーく見てみよう。手前に丸い筒があり奥に黄色い穴の空いた円盤がある。右の壁にはサーモンピンクの大きなタイル張りのようなフレームが見える。屋根は右側が格子組で四分の一円が二つ組み合わさったような形で左側は平面だけど急勾配の斜めから垂直に変わっている。外側がガラスで覆われている

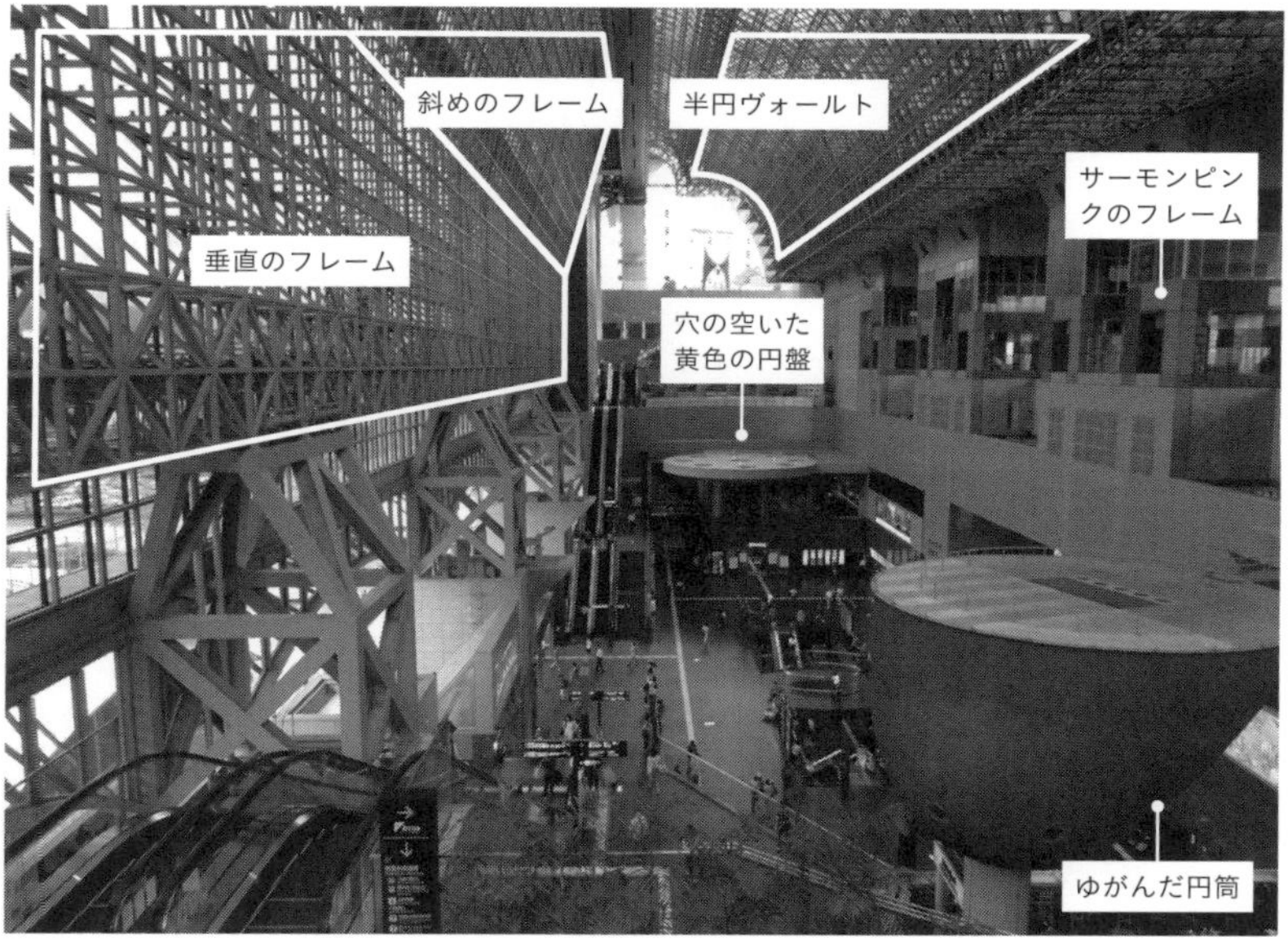

図3-12　原広司「京都駅ビル」　京都　1997

||

部分の論理でできている

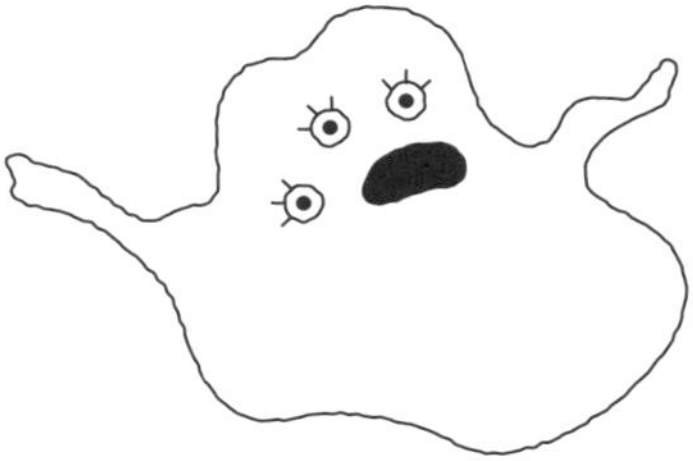

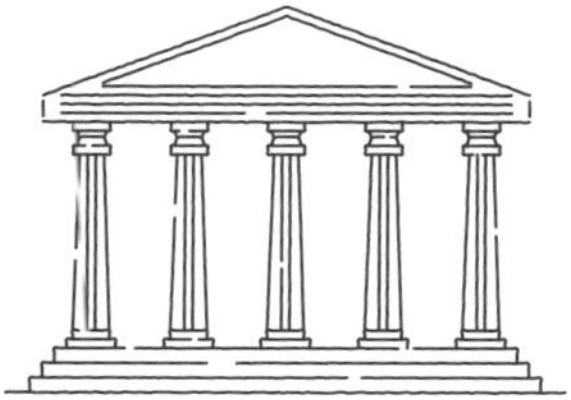

||

全体を統一するルール

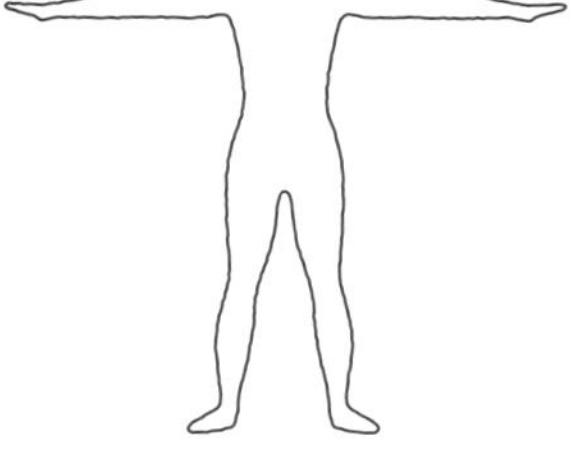

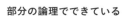

ので内部には光が落ちている。ここまででもかなり多くの形や色が使われていて普通の駅とは違うことを感じる。さらに重要なのは、それぞれの形がその個性を発揮している点だ。つまり全体の調和のために貢献しているというよりかはそれぞれが、俺が俺がと主張しているのである。言い換えると全体のバランスや比率を考えながら部分ができているのではなく、部分が部分で勝手な論理で生まれている。そこが妖怪の妖怪たる所以なのである。

デコンストラクティビズムの妖怪性

哲学界でジャック・デリダ（一九三〇〜二〇〇四）というフランスの哲学者が「脱構築」という言葉を著書『根源の彼方に　グラマトロジーについて』（現代思潮新社、二〇一二（一九六七））の中で初めて使った。この言葉の哲学的意味はひとまずおいておき、この言葉は様々な分野に波及した。それぞれの分野で使う場合の意味は既存の概念群とそれをとりまく思考の枠組みを一度疑い、その枠組みを解体してから新しい枠組みをつくり直すというような意味である。

この言葉は案の定、建築界にも輸入された。ちなみに建築界で最初につくって他の分野に輸出した概念として、「ポストモダニズム」がある。これは一九七〇年代に発明された。このデコンストラクティビズムはそれより約十年前に哲学界に生まれて、そして建築界にやってきたのはこのポストモダニズムという運動が終わる頃であった。新国立競技場のコンペに勝ちながら、予算があわず実現できなかった建築家ザハ・ハディド（一九五〇〜二〇一六）が一九八三年に香港のヴィクトリア・ピークレジャークラブの設計コンペで描いた最優秀賞の案が、後から見ると脱構築建築デザイ

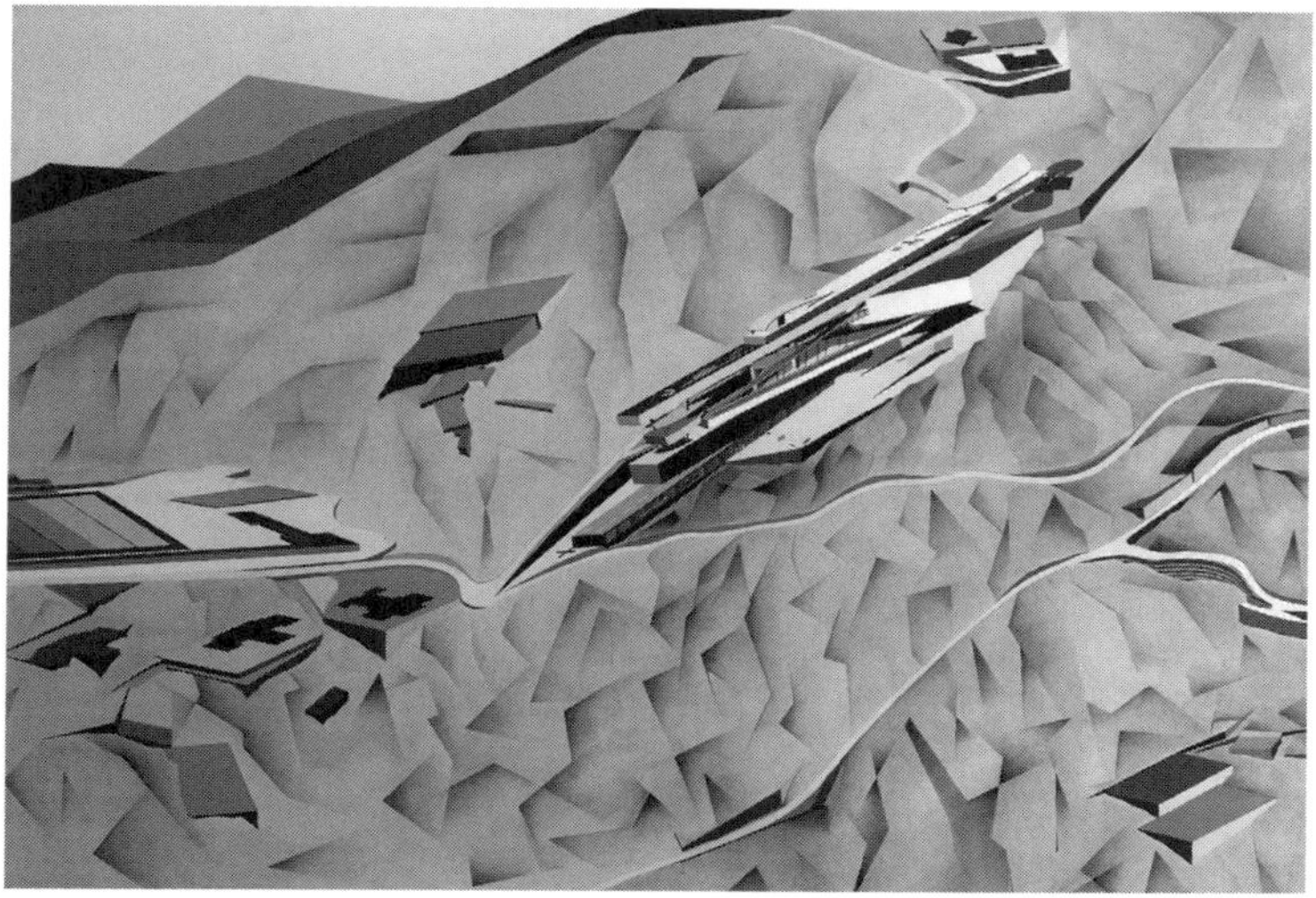

図3-13　ザハ・ハディド「ヴィクトリア・ピークレジャークラブコンペ最優秀案」　香港　1983

ンの最初だった（**図3-13**）。この案には三つの特徴が見て取れる。1．建物中に平行線があまり見られない。2．鋭く鋭角にとんがった部分が多い。3．描き方が一点透視図的ではなく俯瞰して見た投影図（平行線が交わらない三次元の図）になっている。などである。さてザハのこの案以降、類似した建築の傾向がいろいろなところで生まれた。

よくあることだが、そうした流れを感じ取った人がそれらをまとめて名前をつけて展覧会をする。それが一九八八年に、Deconstructivist Architectureという名でニューヨーク近代美術館において行われた。これを日本語にすると「脱構築主義者による建築」となる。先ほどの広義の定義で言えばそれは建築界における建築をつくる既存の概念やそれをとりまく思考の枠組み（ここでは二十世紀のモダニズム、ポストモダニズムの全て）を一度疑い、その枠組みを解体してから新しい枠組みをつくり直すという意思であったと考えて良いだろう。

さて思想的な問題はさておき、その展覧会に展示された建築は新しかった。メインがアンビルトプロジェクトだったことも、この傾向の新しさを物語っている。そしてその新しさを形態的に分析するなら、それはロシア構成主義という二十世紀初頭の革命前後のロシア、ソ連でつくられていたアートの傾向に近く、平行線がなく、歪んだ平行四辺形（歪んでいるのでもはや平行ではない）や、鋭角な三角形などの、破片のような形態と線の集合体なのである。

これはその形態だけ見ていると、前掲原広司の部分から考えた建築に近く、その全体性ではなくその部分性の集積でつくられているのは間違いないのである。話を戻すと建築の妖怪性の極端な例だと言えるのだ。

4　柱の気持ちになる

感情移入理論

建築は人間だという類推の最後として、建築は人間が知覚するから存在するというちょっと哲学的な命題をみなさんに投げかけてみたい。常識的に考えるならば、人が感じ取れるようなものを建築家は設計しているのである。いや、もう少し正確に言えば自分がどう感じ取れるかということを基準に建築の設計をしているのだ。だから建築はどのようにして感じ取れるものかを読者も考えてみるといいと思う。

そんなの今時で言えば写真映えでしょうという答えが返ってきそうである。映えは人間の感覚で言えば視覚である。確かに人間が受け取る情報の八割は視覚と言われているので、私たちは視覚に先導されて生きているというのは確かである。

しかし情報には量と共に質がある。建築を感じ取るというのは必ずしも受動的な仕方だけとは限らない。そこで建築を人間が積極的に感じ取る心理的な仕組みについて考えてみたい。

美術を学んだ人なら必ず知っているだろう、スイスの美術史家ハインリッヒ・ヴェルフリンという人の話をしたい。美術史を学ぶ人がヴェルフリンを知っているのは、彼の著書『美術史の基礎概念』（慶應義塾大学出版会、二〇〇〇（一九一五））が美術史を学ぶための定番図書だからである。その書はそれまで否定的に見られていたバロック様式を客観的にルネサンス様式と比較してその価値を位置付けたのである。

さてここではその書の内容に深入りせず、彼がその約三十年前に自らの博士論文として書いた『建築心理学序説』（中央公論美術出版、一九八八（一八八六））という唯一対象を建築に限った論考について説明をしたい。その書は彼の博士論文という割にはコンパクトな量と内容で、日本語訳も出ている。内容はそのタイトルが示す通り、建築を経験した時に人間心理はどのように働くかというそのメカニズムを綴ったものである。

そのなかで登場するのが「感情移入理論」である。美術作品や他の人間の心理状態に到達する原理を究明した理論だ。この理論はヴェルフリンが初出ではなく、その前に数名の学者によって使われているのだが、ヴェルフリンは建築に応用してみせたのである。建築の場合は自分が建築になったと想定するところからはじまる。体を捩りながらその建築のようになってみよう。きっと足は柱になり腕は梁になるか屋根の垂木になるだろう。そうしてその建築になり切った時に自らの体の中にはある一定の力がかかってくる。足には体重がかかるだろうし、仮に腕を両側に水平に伸ばしていれば、重力がかかるだろう。そして足にも腕にも胴体にもその筋肉に応力がかかり疲労が溜まるかもしれない。

そうやって建築を擬人化して建築の気持ちになった時にその建築の中に生起するであろう情感を感じ取るのが建築における感情移入なのである。

こうした建築を感得する人間の感性は様々な感覚を使っている。視覚のみならず、触覚、聴覚にまで及ぶと思われる。そしてその総合として身体的に建築を知覚することがあるということをヴェルフリンは主張したのである。

振り返って私たちが建築を感得する時を思い返してみるに、私たちはその建物を、さらりと見るなら確かに視覚に映りこむものを感じとって終わるかもしれない。でもじっくり見ようとすると自分がその中に没入して、その巨大さや小ささなど様々なことを感じたりするだろう。それは自分の身体がその中に入ったからこそ可能となることである。そしてそこに巨大な柱を見れば自らの足と比較して安定感を覚え、細い梁を見たら、ひ弱さを感じたりする。それはその大きさを経験的に知っていることもあるが、自らの身体をその中に投入しているからでもあるのだ。

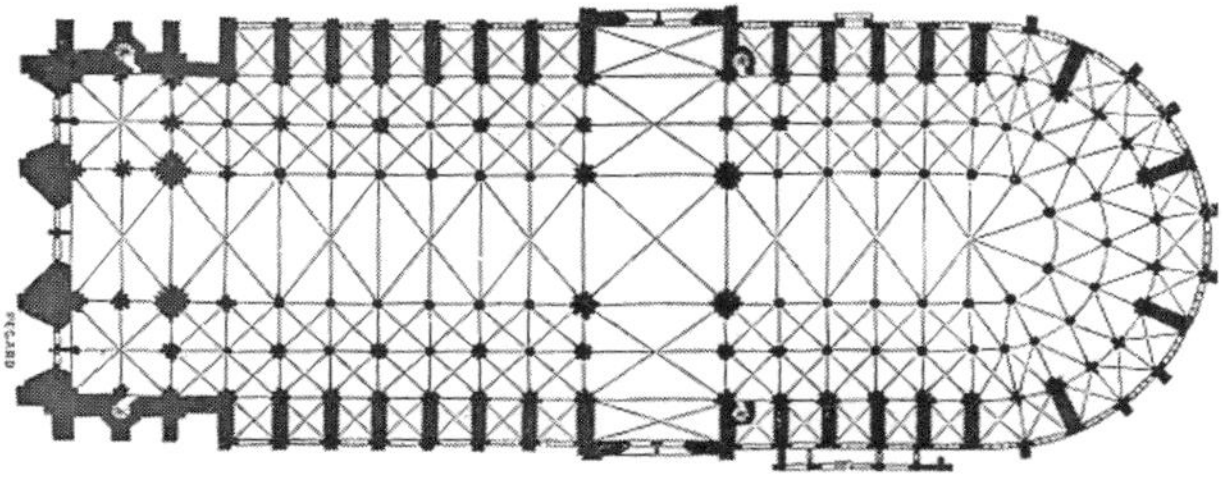

図3-14 「ノートルダム寺院」 パリ 1345

運動しながら味わう

私たちは建物を感じ取る時じっと止まっているだけではない。もちろん静止して周囲を見渡し、写真を撮る、あるいはノートルダム寺院のような伽藍に行けばステンドグラスから差し込む光に見惚れることもある。

しかし人は静止した後には必ず動く。私たちは建物の中にじっとしていることはない。そして動くことによって実に多くのものを知覚する。その一つは建物の空間の流れである。パリにあるノートルダム寺院（図3-14）はゴシック教会の中ではシンプルな箱型の平面形で比較的見通しがいい。よって入り口から奥に向かって歩いて行っても急激に目に入ってくる視界が変化することはない。これに対して同じゴシック教会でもフランスにあるアミアンの大聖堂（図3-15）は平面のラテン十字形の形がはっきりしているので、この写真のように折れ曲がり地点が顕著である。だから入り口から歩いてくると突如この交差点のような場所に来て左右に開ける空間に出くわすことになるのである。少し読者自らの記憶を辿ってみるならば、動くことによって視界がどんどん変化する建築体験が記憶のなかから出てくるのではないだろうか。そんな人間の経験を哲学者はこんなふうに言う。ドイツの哲学者エトムント・フッサール（一八五九〜一九三八）は「全ての空間性は運動、…を通じて構成される」と。つまりフッサールは人間の空間把握は運動によって行われると言ったのである。ところで建築において人が動くことには二つの意味合いがある。一つは人がスムーズに動き、そして効率よく動くという意味での動き。これは建築の機能性を担保する動きで、こうした動きを示す線を「動線」と呼ぶ。もう一つの動きはフッサールが言う動きでこれは人が空間を知覚するための動きである。これは「運動」という言葉で言い表す。

建築は人間であるという前提は、建築は私たちが感得するもののなかにあると考えることである。そして私たちは一体どんなふうに建築を感得しているのかを見た。それは心で見るのか身体で見るのかというような二つの差であった。あなたもぜひこの二つの方法を試してみたらどうだろうか？もしかすると建築がだいぶ変わって見えてくるかもしれない。

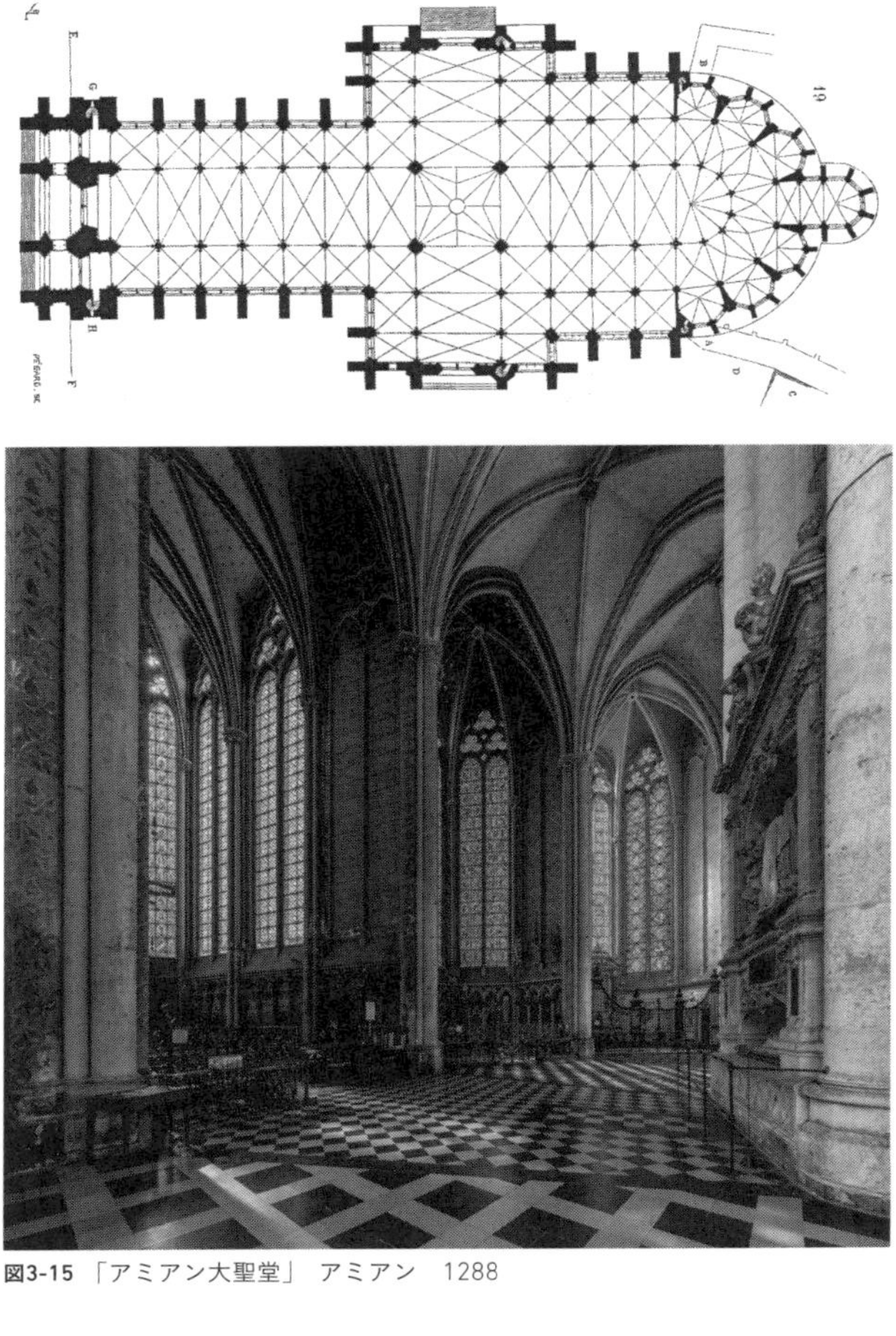

図3-15 「アミアン大聖堂」 アミアン　1288

参考書

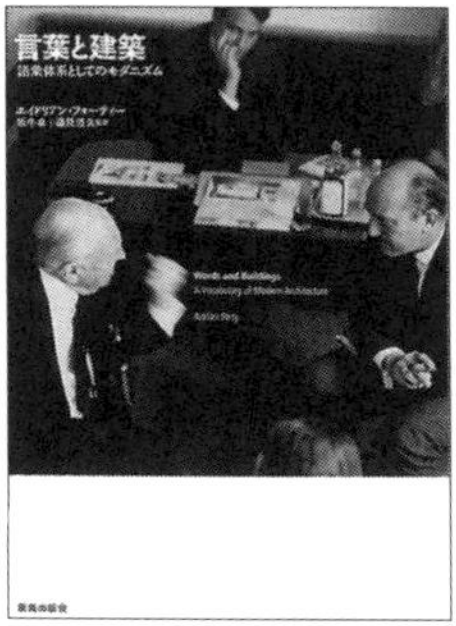

エイドリアン・フォーティー
『言葉と建築――語彙体系としてのモダニズム』
坂牛卓、邉見浩久監訳、鹿島出版会、二〇〇六（二〇〇〇）

二十世紀に近代建築がのっぺりツルツルの箱になって登場したのには色々な理由があります。ル・コルビュジエのような奇才によるとも言えるでしょうし、産業革命や市民革命が世界を変えたからだとも言えます。しかしそれと並んで重要なのは近代建築を考える新しい言葉が生まれたという点です。そしてそれらの言葉は降って湧いたのではなく、他の学問分野で使われていたのです。それは哲学、医学、社会学などの分野です。一言で言えば科学です。科学に憧れた近代建築は言葉を選びました。その時男女性というような言葉は科学性が乏しく、建築界ではあまり使わなくなったのです。

4章　新宿のビル群は峡谷のようだ

1　自然はいつも先生

洞窟の快適さ

人間は洞窟に住んでいた。有名なスペイン北部にあるアルタミラ洞窟壁画は一万年以上前に描かれている。またフランスのラスコー洞窟壁画は二万年前のクロマニヨン人によって描かれたと言われている。

洞窟に住み始めたのは初期の人類は狩猟採集に頼り移動性が高く、建築をつくる技術や道具がなかったからと言われている。

その後洞窟住居は世界で継続的に現れる。カッパドキアという場所がトルコの高原地帯にある。ここには岩の中に紀元前三千年くらいから人が住み始めたと言われている。ビザンティン時代に現在のイスタンブールあたりにコンスタンティンノープルという首都をつくったビザンティン帝国ではキリスト教が広まり、修道僧たちが俗世間から逃れて修行するためにカッパドキアに住みついた。そして敵対していたアラビア軍やペルシア軍から身を守るために巨大な地下都市をつくったという（図4−1）。

イタリア南部のマテーラにはサッシと呼ばれる洞窟住居があり、人が住み着いたのは七千年前と言われている。その後八世紀から十三世紀にかけてイスラム勢力の迫害を恐れたキリスト教の修道僧たちは洞窟内に教会、住居を百以上つくった。また、縦、横に穴を掘って住んだ。他にも中国の北部の黄土地帯には四千年前から窯洞（ヤオトン）と呼ばれる洞窟住居が多くある。

こうした洞窟住居は普通の建築物とはかなり違う。デメリットもメリットもある。デメリットは窓が少なくなるケースが多いから比較的暗い。同じ理由で通風があまりよくない。

メリットは地下なので温度が安定していて冬暖かく、夏涼しい、敵に襲われても巨大な壁（土）に包まれているからそう簡単に壊れないし焼けない。

図4-1　カッパドキアの洞窟建築

また空間的特徴としては、基本的に掘ってつくるものだからこれは削り出してつくる彫刻のようなものである。だから形態は比較的自由である。実際これらの地下空間を見ると地上につくるものに求められるような構造的な秩序、例えば柱が等間隔に並ぶとか、窓が等間隔に穿たれるというようなことはない。自由奔放である。このメリットは人を惹きつける。カッパドキアでは政府が住人に地上生活を勧め、地上生活に挑んだ人もいたが、多くはまた洞窟に戻っていったそうである。主として暑さ寒さに耐えられなかったからだそうだが、地下住居の自由さや、暗い落ち着きも原因だったと聞く。
筆者の家にも半地下がある。ここもやや暗いがその分落ち着くし、何よりも夏冬の温度差が少なく快適で

図4-3　「彫刻の家」内観

図4-2　ペーター・メルクリ「彫刻の家」外観
スイス　1992

ある。

ところで建物をこうやって彫り込んでつくるつくり方は建築のつくり方の一つの極点であり、こういうつくり方を英語でステレオトミック（Stereotomic）と呼ぶ。意味は「石の切り出し術」である。実際に切り出し、彫りこんでいなくてもそのように見える空間や形態をこの言葉で形容する。

写真はスイス、クールの近くにあるスイスの建築家ペーター・メルクリ（一九五三〜）が設計した彫刻の家（一九九二）である。この建物はスイスの山あいに建ちコンクリートの岩のような外観（**図4-2**）で、なかはその岩（コンクリート）をくり抜いたようにつくられている。まさに削り出した雰囲気である（**図4-3**）。洞窟の家というのは地下になくてもその雰囲気をつくることができ、そしてそのつくり方が現代建築の一つの典型として建築家の方法論となっているのである。

森の生活倫理

前項で見た洞窟が人間の住む自然の一つの極でその空間性が現代建築にまで波及し、それはステレオトミックと呼ばれることを紹介した。次に人間が古来そこに住んでいたわけではないが、そういうシンプルな姿と生き方を一つの人間の生活の倫理として説教した牧師がいたことを紹介したい。

フランスのイエズス会の司祭であり、建築理論家であるマルク・アントワーヌ・ロジェ（一七一三〜一七六九）についてである。彼は新古典主義の文脈の中で、ロココ的流行を断ち切り、古典主義を再定義した時に古典主義の原型としてこの図を描いた（**図4-4**）。この図は著書『建築試論』（中央公論美術出版、一九八六（一七五三））のなかに登場する。その書は、ルネサンス以来の建築論を展開し、図のように、柱・梁・破風の要素で構成された建築を「原始の小屋」と呼び、建築の初源的形態としたのである。だからこれはイメージに過ぎないが、こうして森のなかに自然とともに建築が生まれてもいいのではないかと思わせる図である。木を切ってそれを掘建て、屋根をかけて住んだ、そんな日本の縄文時代を考えるとこんなふうに森のなかに住んでいた人間がいてもおかしくない。

図4-4　マルク・アントワーヌ・ロジェ《原始の小屋》 1753

実際に森の木を見ていると、この木は建築の柱に見えてくる。基礎もないのにしっかりと重力に抗いながら立っている。建築の基本形である。ロージェ神父の教えの通りここに梁をかけて破風をつけて屋根を渡せば立派な小屋がすぐできる。自然をほとんど壊さず、自然と共生できるではないか。まさに洞窟と同じである。

さて洞窟のつくり方が現代に通じており、洞窟のように削り込んでつくる方法をステレオトミックと呼んだのに対して、こういう柱梁などの線材を組み合わせて建物を構成する方法をテクトニック（Tectonic）と呼ぶ。そしてこれも現代に通ずる一つの建築造形の典型である。この建築の特徴はステレオトミックの逆だが必ずしもこれは柱梁のラーメン構造のようなものだけを指すのではなく、構成がはっきりわかる建物を指して使う言葉である。よってその空間性を示すことは難しく、その構法的な特性が前景化したものをテクトニックと呼ぶことになる。

自然が教える理論

ここまで自然が教えてくれる二つの具体的なもの、洞窟、森を見た。次に古来自然は概念としても先生であったので、その理論史を見てみよう。少し眠くなるかもしれないがお付き合いいただければと思う。ギリシア時代、プラトン（BC四二七〜BC三四七）は自然の中には数的比率があると言った。古代人はとにかく比率が大好きだ。中世を飛び越えて、ルネサンスの時代、アルベルティは、自然が教えてくれるのは均斉でありそれは根本的な規則だと述べた。皆自然が大好きだったのだ。しかし十七世紀にアマチュア建築家の物理学者であるクロード・ペロー（一六一三〜一六八八）は、建築美は自然界の法則に基礎付けられないと言った。自然先生にケチをつけた最初の人らしい。さらに美は対象に宿るのではなく、見る主体の中に構成されると述べ、その後現れる経験論的な考え方の嚆矢となった。

さて再び自然先生に話を戻そう。建築を自然に結びつけてきた人たちはその形姿に目を向けていたが、十八世紀に現れたのはその無駄のなさや原初性などの倫理観としての自然であった。特にバロック、ロココの奢侈を批判する意味で自然が使われた。そうして現れたのが前項で紹介したマルク・アントワーヌ・ロジェである。

その後建築が自然に拘泥した理由に次のようなことがあった。詩や絵画のように自然を模倣することが可能な芸術に対して、建築は模倣芸術ではない。しかし自然は芸術、あるいは自由学芸にとって重要なテーマなので、建築家が知的な営為として建築職人と異なるということを主張するにはこの「自然」を建築と関係付けなければならなかった。

それに対する答えを用意したのが十八〜十九世紀フランスの建築史、美術史家であるカトルメール・ド・カンシー（一七五五〜一八四九）である。彼は、建築は自然を模倣すると宣言した。とは言っても絵画や詩のようにはいかない。そこで二通りの模倣方法を考えた。一つは自然の素材でつくられた原始の小屋を、石材を使用しながら再現するような物理的なもの。もう一つは自然のなかにある自然を形成する概念（秩序と調和のような）の模倣という二つの方法である。

同じ頃ドイツではゲーテ（一七四九〜一八三二）が自然と芸術の考え方のパラダイムを変化させた。

それまで芸術（建築）側から自然をどう考えるかに重きを置いていた。カトルメール・ド・カンシーの考え方もそうである。建築に自然の考え方をどう応用できるかを考えた。しかしゲーテは自然の探究から始めた。そして芸術は第二の自然であるという考えの枠組みを生み出したのである。

一方でイギリスでは十七世紀にクロード・ペローが言い始めたことを素地としてディヴィッド・ヒューム（一七一一～一七七六）ら経験論者たちが自然は見るものの知覚の構成物だと体系化した。つまり自然のなかに美が内在しているのではなく、見る側に既に習慣的につくられた美が存在し、その美を自然のなかに投影できた場合にそこに美が見出せたという風に考えたのである。だから自然から得られる美は見る人によって異なるというわけである。

さて産業革命も始まり、工業製品が世に出回ってくると自然を否定的に見る輩も現れる。ドイツの建築家ゴットフリート・ゼンパーはこう言う。「建築は他の芸術ジャンルと違い、手本を自然に見出さない」。代わりに「工業技術が…建築ないし芸術の形態と規則一般を理解する鍵である」

こうした自然拒否は哲学者からも起こる。フリードリッヒ・ニーチェ（一八四四～一九〇〇）は、芸術は自然の模倣ではないと一昔前の考えを覆した。唯物論者のカール・マルクス（一八一八～一八八三）然りである。そして建築家のオットー・ヴァーグナーは建築だけが自然に全く規範を置かない形をつくりうるというのである。ヴァーグナーという人はそれまでの建築が芸術だというような考え方から、建築には目的があって目的に沿ったものだけが建築だと言った人なのである。

そして二十世紀になってモダニズムという時代になると多くの建築家から自然という二文字は消えるのだが、唯一巨匠で自然を否定しなかったのはフランク・ロイド・ライト（一八六七～一九五九）

であった。ライトは有機的建築という考え方を提唱したが、その根本には自然から多くを学ぶことができるという示唆がある。そして現在はというと自然はもちろん大事な私たちの財産になっている。それは二十世紀にこうやって皆が自然を尊重しなかったからであり、その反動がいま現れているのである。

2 民家はきのこ

繁殖性

前掲の篠原一男は住宅を多くつくった建築家である。そして東京工業大学（現東京科学大学）で建築教育にもあたっていた。彼は建築家でもあったが、大学で日本建築の研究をしていた。日本建築と言ってもいわゆる上層階級の建築だけではなく、民家集落群の研究もしていた。そしてその結論的なこととして「民家は〈きのこ〉と同じなのだ」（**図4-5**）ということを言った。その意図は、素晴らしい風土の中に優れた民家ができるので民家というものは〈自

図4-5　きのこの群生

然〉の一部のようなもので、その自然の中に群生する姿がきのこのようだと考えたのだ（図4-6）。

篠原のこの民家はきのこという類推を拡大解釈してみよう。きのこという菌類の特色は、植物と違って葉緑素を持って光合成をして栄養をつくる力がないというところにある。

だから篠原が言うように、きのこは外部から栄養をもらえるいい場所がないと育たない。逆にそ

図4-6　民家　篠原一男撮影

図4-7　新宿歌舞伎町

ういう場所に菌類の胞子が飛んでくればそこに発芽して菌糸が伸びてきのこができ、そこからまた胞子が飛んでその土壌にどんどん繁殖していく。それは家の中の湿ったところにカビが繁殖するのと同じである。

こうした繁殖性は建築にも類似した状況を見ることができる。例えば新宿区歌舞伎町には数千軒の飲食店などがひしめき合っている（図4-7）。

この街は一九四五年の空襲で焼け野原となった後に、歌舞伎の演舞場をつくり芸能施設を集める復興事業計画が発端となり、五〇年代に飲食店、映画館などが建ち始めそれから半世紀でこの姿となった。最初の胞子は復興事業計画でその胞子から様々なきのこが繁殖したのである。そしてこの場所には飲食店などの歓楽施設が育つ栄養源があったということだ。その栄養源とはこの店に通う人間たちに他ならない。

ランダム性

建築というものはきのこのようなものだというのを、前項ではその繁殖性から見たが、きのこの群生の特徴をよく見るとそこにはまた、建築の姿と類似する別の性質も見て取れる。それはどのきのこも同じものがないという点である。加えてその配置に規則性がないということだ。どのきのこも同じではないというのは、その発生のメカニズムを見れば明らかで、既述の通り、きのこの発生源は胞子である。その胞子はある時同時に飛び出すわけではないし、同時に着地して発芽するわけでもない。だからその発生は時間的にランダムである。またそれらは自然の力（風、水流、など）にまかせて移動するので、それらが着地して発芽する場所も全くもってランダムである。このランダム性が建築そのものではないだろうか。

いや正確に言うと、建築が立ち上がるメカニズムは大きく分けて二つある。一つは巨大な政治権力があってその命令に従いトップダウンの計画に沿って行われる場合。社会主義国などの建築物や都市の生まれ方はこれに近い。写真はソ連のスターリン時代（一九二四〜一九五三）にスターリンがニューヨークに負けじと、七つの高層ビルを計画したうちの最も高い一つである。高さ二百四十メートルのモスクワ大学である（図4-8）。建物も左右対称で威厳のある形をしているが、それにも増してその周りの大きな都市計画がやはり左右対称に計画されている。これはきのこの胞子が飛ぶようにできた建物群ではない。畑にきちんと縄をはりその縄に沿って種を植えなければこういうふうには育たない。

さて他方、土地や建物の私有化が認められている多くの資本主義国では、ある程度の都市計画と法律があり、それに沿ってその場所の使い方の指針というものが決められている（その土地に建てられる建物の用途、大きさ、高さなどである）。しかしその規制の範囲内であれば基本的に何をしても法律的には許されるのである。まず建物を建て始める時期は土地ごとに違う。建物が建て替わるのは老朽化するか、機能不全に陥るかのどちらかの場合である。老朽化は築年数におおむね比例するとはいえ、安普請なものは早く傷む。また機能不全（その建物の用途がもはや現代的には不要となる）は予測できない。覚えているだろうか、日本を代表する建築家丹下健三が設計し一九八二年に完成した地上四十階建ての赤坂プリンスホテルが完成後三十年経たずして二〇一一年に解体されたのである。

図 4-8　レフ・ルードネフ「モスクワ大学」　モスクワ　1953

なぜかというとあの場所ではホテルよりオフィスビルの方が儲かるという理由からである。

このように建物の寿命は全く予測がつかないから、建物が建ち始めるのはランダムである。そして建物の建つ場所は敷地の大きさとか交通の便などで決まる。しかしそれでも土地は買い足して広くなったりするから、そこに建てられる建物の大きさも計画的にトップが決められるものでもない。社会主義国の建物の建ち方がトップダウンで決まるなら資本主義国のそれはある程度ボトムアップである。だからそこに生まれる街の外観はきのこの群生に限りなく近い。どれひとつとして同じものはないし、その場所も不規則なものとなる（**図4-9**）。

さてではこのビル群は篠原のいうようにいい風土があればいい建築ができるということになるのだろうか。現代の資本主義の世界における建築の場合、風土とは気候や文化ではなく、交通とか経済と言い換えてもいいだろう。その意味での交通経済＝人と金が建築を産むのだろう。しかし民家のようにそれが優れた建築を生み出すとは限らない。建築はできても優れたものであるためには、また別の条件が必要なのである。

3　コンクリートももとは石

ティカルとパンテオン

　コンクリートという素材がある。近代建築をつくり上げた人工的な素材で、それまでの土、木、石に代わり世の中に登場してきたかのように思われているが、新素材として登場したのはコンクリートに鉄筋を入れた鉄筋コンクリートであり、コンクリートの主成分であるセメントは紀元前から

図4-9　新宿通り　東京

あった。
セメントはマヤ文明の建築でも使われていた。マヤ最大の都市は中米グアテマラのティカルである。紀元前には建設が始まり、三〇〇～九〇〇年にはピラミッド（図4-10）を含む多くの施設がつくられ、八世紀には推定人口五万人に達した。この地を訪れたときに目に止まったのはセメントをつくる炉のような場所だった。コンクリートとはセメントと骨材（砂利や砂）と水を混ぜあわせて化学反応を起こさせて固化させる材料だ。そのセメントに砂だけ混ぜたものをモルタルと呼ぶが、ティカルではこのモルタルが使われていた。

図4-10「マヤの遺跡」ティカル　BC300-AD900

石灰岩に粘土、けい石、酸化鉄を混ぜて千度近い高温で焼くと、クリンカというセメント一歩手前のものができる。よってセメントをつくるためにはこの高音で焼く炉が必要なのである。ピラミッドをはじめ、この遺跡にある様々な建築物の石積みを固定するためにセメントに砂を混ぜたモルタルが使われていたという説明を聞いた。

もう一つの紀元後すぐのセメントの使用例として、ローマにあるパンテオン（一二八年）がある（**図4‐11**）。ここではセメントに砂、軽い石などを混ぜたものを、コンクリートとして使ったようである。現在ある建物は火災焼失後に再建したものである。そのドームの大きさは直径四十三・二メートルあり、世界でも屈指の巨大ドームである。このドームはコンクリートでできているが、既述の通り鉄筋が入っていないコンクリートである。ドームというのはドーム自身の重さを、あの逆さまにしたお椀のような形で支えている。ドーム形をしたザルを逆さにして上から押してみるとわかるが、押した力が湾曲したザルを伝わって最下部までいき、最下部を外側に広げるように力が伝わっていく。この時このザルの中には押された力、つまり圧縮力が働いている。コンクリートは圧縮力には滅法強いので、ドームに使う材料としては適当なのである。

コンクリートは石？

さてそんな風に昔から使われていたコンクリートだが、十九世紀終わり頃からコンクリートに鉄

図4-11　「パンテオン」　ローマ　128

筋を入れたいわゆる鉄筋コンクリートが現れた。コンクリートという材料は押してもつぶれないけれど、引っ張ると破壊する。この弱点をなくすために、引っ張る力に耐えられる鉄を、棒のように加工してコンクリートの中に縦横に規則的に入れたのである。そうしたらコンクリートが様々な外力に対して強くなった。加えてコンクリートは型枠さえつくればどんな形でもつくれる。鋳物のようなものだから新しい時代の新しい表現をしたい人たちに受け入れられた。

そんな鉄筋コンクリートを最初に使い始めた人の一人がフランスの建築家オーギュスト・ペレ（一八七四〜一九五四）である。彼の事務所はル・コルビュジエやヴァルター・グロピウスが修業した事務所としても知られている。彼は多くの建物を鉄筋コンクリートで設計した。その構造的特性を理解し、力の流れに無駄なく素材を使用して美しい建築をつくった（図4-12）。

ここでこの節の大事な話がやっと始まる。鉄筋コンクリートが世のなかに大量に出回ってくると、それまでとはちょっと違うその風合いに世のなかの人が戸惑った。つまり西欧ではそれまで石やレンガでつくられていた建物が、コンクリートになったからである。コンクリートと石やレンガの違いは大きく二つある。コンクリートには目地がほとんどないのでつるんとしている。石やレンガはある単位の大きさがあってそれを積み上げてつくる。だから積んだ痕跡として目地が縦にも横にも入る。二つ目の違いはコンクリートは型枠に流し込んでつくる鋳物のようなものだから、その表面は型枠の表面がプリントされたようになる。この型枠は何でできているかというと木である。そうすると木の木目がプリントされるかというと、大体その木の表面はコンクリートが固まった後に剝がさないといけないから、塗装して剝がしやすいようにツルツルにしておくのだ。だからコンクリートの表面はツルツルしているものが多い。総じて目地なしツルツルという状態にできあがる。石やレンガとは大違いな雰囲気になった。

一言で言うと、それまで自然の風合いがあったものが人工的になったという認識である。1節の自然が教える理論のところで説明したように、古来自然は建築の先生だったが、近代に入り自然は拒否されるものになってきた。それは多くの工業材料が現れたからだ。まさにコンクリートとか鉄とかである。しかし自然を拒否したのは建築家であってそれを使う人ではない。使う人は変わらず、昔の自然が好きだった。だからコンクリートに違和感を覚えたのである。

そこで建築家は、コンクリートは自然のものだと説明する（へ）理屈を考えざるを得なくなった。例えば前掲のオーギュスト・ペレは「コンクリートは我々が作る石であり、それは自然の石より美しく気品がある」あるいは「若返った石」、つまり石のようだが、石よりいいものだと主張したのである。

図4-12 オーギュスト・ペレ「ランシーの教会堂」 ランシー 1923

なんという詭弁だろう。しかしよくよく考えてみると、既述の通りコンクリートの主成分は石灰岩なのである。だから石であることに間違いない。ただそれが焼かれて化学変化を起こしたのである。それを自然の石より美しくて気品があると言って、そう思う人がいないとは言えない。だから詭弁のようだが嘘でもない。

ブルータリズムから自然へ

オーギュスト・ペレよりも少し遅れて登場してきた建築家たちが、戦後五〇年代に近代建築の機能主義の精神を再認識して、外観は素朴で粗野でもいいと考え、特にコンクリート打ち放しの荒っぽい建築が続々登場した。加えて素材はコンクリートに限らず、鉄を含めて建築資材の質感が強調された建物が世界中に現れた。

彼らはペレと異なり、コンクリートを自然の一部として見せようというような意思はなかった。そして自らをブルータル＝粗野と呼んだ。そこにはコンクリートの表現力はさておき、モダニズムの機能を生むためにコンクリートはその道具でしかないというような割り切りがあった。そこではコンクリートが自然か非自然かということは問題にならなかった。

例えば日本で言えば一九六四年の東京オリンピックのための施設などは、建築と自然を関係づけるような発想はない。むしろコンクリートの力強さを前面に押し出している。

六〇年代世界中は戦後の復興期で、経済は右肩上がりで日本ではオリンピックのために高速道路が整備され、新幹線が走り、そして一九七〇年に大阪万博が開催された。そこでは日本が世界に誇る建築理論メタボリズムが披露された。これは建築が新陳代謝して成長するという概念だった。銀座にあって二〇二二年に解体された日本を代表する建築家黒川紀章（一九三四〜二〇〇七）が設計した中銀カプセルタワー（図4-13）は、この新陳代謝する建築が視覚化された数少ない建築の一つであった。しかしそれは概念であって実際に新陳代謝はしなかった。

世界の建築モダニズムはこの六〇年代後半から自己反省を始め、モダニズムが忘れ去っておいて来てしまったものに目を向け始めるのである。それがポストモダニズムと呼ばれるものである。それは形態としては豊穣で、歴史的参照などに終始したが、「自然」回帰というのもその頃を境に言われるようになる。それは環境問題と結合してさらに現代においては、建築への強い要請となって現れていると言えるだろう。

図4-13　黒川紀章「中銀カプセルタワービル」東京　1972

4　人工が自然に変わる時

境界はどこにあるか

前節で非自然と言われたコンクリートが自らを石と名乗る欺瞞について述べた。建築材料が近代に入り大きく変わったことで、建築の非自然性を好まない人たちは少なからずいたし、その非自然性はコンクリートにとどまらなかった。

鉄でもガラスでも、一方で建築家たちはそうした新素材を自らのイデオロギーのために多用する。そしてそれをブルータリズムと呼んで憚らない。他方その非自然性に馴染めない使用者がいたのである。そこで問題になるのはその二つの境界条件である。一体物はどこまで自然と呼べるのか。木材は自然だ。それをチップにするまで切り刻んで接着剤で固めたような木の色をした板がある、これは自然だろうか。なんとなく自然のようでもある。ベニヤという言葉をよく聞くだろう。これは木材を薄く切ったものを指しそれを数十枚接着剤で貼り合わせたものを合板と呼ぶ。さてこれは自然かと言えば、自然物の貼り合わせだから自然だろう。ではホテルなどの内装でよくある突板貼りはどうだろう。これは木をベニヤより薄く挽いて木の皮のようなものをつくり、それを燃えない材料(石膏ボードとか金属)に貼り合わせた板である。少し大きな商業施設は防火の法律規制が厳しいので、燃える木材をそのまま内装材料には使えない。そこでこうして表面だけ数ミリ木として人の目を欺くのである。さてこれは自然か？　自然じゃないか？　私はもはやこれは自然ではないだろうと思う。

しかしこうした建築材料は世の中にたくさんある。「こうした」とは表面に自然を貼り付けた建設資材である。木を薄く挽いた突板というのはその典型であるが、この石バージョンもある。石は数ミリに挽いてそれを貼り付けることはできない。そんなに薄く挽いたら砕けてしまう。だから数十ミリ、せいぜい三十ミリに挽いて、それをコンクリートに貼り付けた建築材料がある。これを石打ち込みプレキャストコンクリートパネルという。これは工場で大きな鉄の型枠のなかに石を敷き詰めておいてその上からコンクリートを流し込んでできるパネルで、厚さは二十センチ程度、縦横の長さはそれぞれ数メートルである。これをどこに使うかというと、高層ビルの外壁である。皆さんが大手町あたりを歩いて、石張りの建物を見たらほぼ九割はこのパネルが貼られていると思っていい（**図4-14**）。石でできていると思いきや、石が使われているのはその表面三センチくらいだけなのである。さてこれは自然かそうではないのか。私はこれもやはり自然ではないだろうと思う。

しかし自然が是で非自然が非と考える必要は別にない。自然・非自然という境界条件はあくまで物の定義の問題である。大事なのはそれが持っている物の成り立ちの意味とそこから受け取る感覚

図4-14　日建設計「日比谷ダイビル」　東京　1989

である。

風化する素材

木と石は自然で、石膏ボードとコンクリートは非自然と分けたとしよう。これは言葉の定義の問題である。石膏ボードだってコンクリートだって、元をただせば双方自然物からできている。しかし加工の工程が長く昔の自然の姿がよく分からなくなったものはとりあえず非自然という名前をつけておこう、という程度の話である。しかし人の認識とはそんなものであるし、原型がだいぶ変われば確かに自然が持っていた性質がなくなってしまうというのも事実である。紙はパルプからつくる。パルプは木からつくる。だから紙は木からできた自然かと言えば、木が持っていた香りはもはやない。あれだけ加工したら木の香りなんてどこかで消滅してしまう。

同様にコンクリートも石膏ボードも、非自然と呼ぶのが言葉の使い方としては正しい。さてとりあえず加工プロセスが長かった建材はもはや自然性を喪失していることを一旦肯定するとして、それは未来永劫非自然なのかという疑問が新たに湧いてくる。例えば昨今リサイクルという考え方が生まれてくると、建設産業廃棄物としてコンクリートの建物を解体した時にコンクリートガラというコンクリートの破片がたくさん出てくる。これらは建設産業廃棄物として再利用される。それらはさらに砕いて道路の路盤として使われる。路盤とはアスファルトという道路の表面材の下に敷く道路の基礎のような物である。一般にここに使われるものは、砂利とか砂という自然物である。それの代わりになるのである。さらにその成分をみるならコンクリートは砂利とセメントで構成されセメントは元は石灰岩であるから、基本的には自然の中に存在する物である。ただそれに水を混ぜて鉄筋を入れた型枠に流し込み、巨大化させたから人工物になったのである。再度粉砕して元の石灰岩やけい石くらいのサイズに戻してやれば、また自然のような物に戻ったと言えるのではないか。そして元の素材の使い方を再現できるという意味でも、再び自然化したとも言える。

また解体しない場合でも、自然の持っている雰囲気があるという意味で「自然」と呼ぶことが許されるだろうと思うことがある。それは時間とともに自然の力で非自然の材料が変化する場合である。まずコンクリートを見てみよう。コンクリートを外部に打ち放しで使うとどうなるか、雨風の力で表面が傷む。苔が生えたりする例は食物が発酵することのアナロジーとして見た。そう、コンクリートは雨風で変化する。表面が劣化する。コンクリートの表面には通常ピンホールと呼ぶ小さな穴が空いている。これはコンクリートを型枠に流し込んだ時に入り込んだ微量の空気が穴となって表面に現れる現象である。

ピンホールは当然ながらコンクリートの表面を流れる埃や水分を溜める場所となる。加えて拡大して見ると、コンクリート内部は空隙だらけで毛細管空隙と呼ばれる非常に細かい空隙が多数あり、そこから水、酸素、二酸化炭素、塩化物イオンなどが入り込んで劣化する。そして振動その他で空隙と空隙がつながり、表面が欠け落ちたりする。こうして時間と共に劣化することを風化と呼ぶが、コンクリートは風化する。こうした非自然物が自然の力で風化した時、そこには自然が刻印されたとみなせるのではないか。刻印されたものは非自然物なのだが、自然の刻印をされたことでその非自然物は自然物に見えてくる。あるいは自然物に変容してくる。あるいはもっと言えば、自然物に回帰して来ると言えるのではないかと思うのである。

これと似たような例として、鉄の錆というものもそんなふうに感じる。鉄は鉄鉱石を還元してつくる。化学式で言えばFe_2O_3を還元して取り出したFeである。このFeは建築に使われている時、大きな建物では見えないところに隠して使う。なぜ見えないかと言うと、鉄はコンクリートなどと違って熱に弱い。火事が起こると溶けてしまう。だからある規模以上の建物で柱や梁という重要な場所に鉄を使うときは、鉄の周りに耐火被覆といって火事になっても熱が伝わらないような被覆をするのである。この被覆にはいくつかの方法があるが、もっとも経済的な方法はロックウールという素材を吹き付ける方法である。だがこれは見た目があまり良くない、だから大体は仕上げ材の裏に隠してしまうのである。よって鉄は見えない。ただし規模のあまり大きくない建物ではこの耐火被覆で覆う規制がない。そうすると鉄の柱や梁が剝き出しの建物となる。また柱や梁以外でも金属で壁面を覆う建物はある。そして金属は基本的に空気中の酸素と化合して酸化物をつくる傾向がある。これを錆と呼び、錆びない鉄をステンレススチールと呼ぶ。しかしステンレスも劣悪な環境では錆びる。例えば海沿いで海水を頻繁に浴びるような場所に使った場合である。またアルミも鉄に比べれば錆びにくいが、全く錆びないわけではない。建築に使う金属で安くてもっとも大量に使われるのは鉄だが、鉄は錆びやすい。よって錆びさせないために、防錆塗装という塗装をまずしたり、あるいは亜鉛メッキをしたりする。

亜鉛メッキは錆止め保護膜としては一番強い。しかし亜鉛メッキをした上から溶接をしたり、ボルト締めをしてメッキが剝げたりすると、その部分から錆びる。

金属が錆びるというのは、コンクリートの風化と同様に金属の風化である。金属表面が酸化して劣化して崩壊しているということである。よく真っ赤に錆びた金属の波板の外壁に穴が空いていたりするのを見ることがある。まさに風化して欠損したということである。

鉄で代表させて考えるなら、この風化はコンクリート同様、元々の自然である鉄鉱石が加工（還元）されて鉄となり非自然材料となるのだが、その表面に自然が攻撃を加え、酸化されると元に戻っているのである。これもコンクリート同様、自然が刻印されたものはまだ非自然物なのだが、徐々に自然物に見えてくる。

建築資材の風化現象は建築の常識からすると、建築の価値を低減するものである。それはその耐久性とか建築のシェルターとしての性能からするとその通りである。しかし建築の自然性からすると、それは非自然的であった部分が自然化したというふうに考えることもできる。そして何よりも皆さんが古い建築を見た時のことを考えてみよう。京都に行って数百年前の寺を見たときに感じる古さとは、ミクロにじっと見たらそれは何なのか。それは素材の風化なのである。素材の表面が自然によって荒れているから感じることなのである。京都の寺の場合はそもそも自然の素材である木であるが、その木が時間の経過を自然化という形で刻印しているのである。

錆びついた倉庫や、少し朽ちたコンクリートにちょっとした古さを感ずる。古さは悪とは限らない。それは自然の刻印である。そういう目で建築を見直してみるとまた異なった良さが見えてくるはずである。

新宿という自然

ここまで建築の形態、構成、素材からその自然性を見てきたが、その大きさから建築の自然性を考えてみたい。建築をきのこと比べる話を最初にしたが、なんとも可愛らしい大きさのものに見立てたのはその大きさを問題にしたのではなく、その構成と発生理由を建築のそれと比較するためだった。ここで建築の大きさと自然の大きさを比べるために新宿の超高層ビル群を見てみよう。新宿は百メートルを超えるビルが五十本以上、二百メートルを超えるビルは十本以上建っている、日本一高層ビルの集まった場所である。このビル群を遠目に見るとシルエットになったスカイスケープが浮かび上がる。壮観である（図4―15）。その時建物の材質は消えてその大きな形だけが見えてくる。こういう大きさが地球上に他にあるとすると、それは山脈ではないだろうか。もちろん山脈は下手をするとこの十倍くらいの大きさになるのだが、それは視点と対象物の距離で変化するから、ある近さでこのビル群を見た時に感じるその威圧感は、実体としては十倍の大きさの自然の山脈と同様のものになる時がある。またそのビル群の中を、車で通り抜けるとそれは中国の険しい峡谷の中を船で下るのと同様の感覚を覚える。谷底を通過するスリルである。

ドイツの哲学者イマヌエル・カントが崇高という概念を人間が感ずる美的な要素として定義した。それは大きなものを見ると人が感ずる感覚である。カントはピラミッドを例に取ってそれを解説した。そしてそれから二百年以上経ち、私たちはピラミッドより高く、広い人工物をつくれるようになったのである。それゆえ私たちはその崇高が増幅されて感ずることになった。それまでピラミッドで感じられたものは、それより大きいものは山のような自然物以外にはなかったのがそれに匹敵

図4-15　新宿の高層ビル

するようなものができてきたのである。それは第二の自然と呼んでもいいのかもしれない。本章の1節、自然が教える理論のところでゲーテが自然から芸術を考えることで芸術を第二の自然と呼んだことを紹介したが、ここで言う第二の自然はそれとは異なる。都市の人工物に自然に匹敵する崇高性を感じ取れる可能性からその人工物を自然と呼び得るだろうということである。

第二の自然

そんな第二の自然は超高層ビル群だけではない。都市の河川を見てみよう。これらは自然のままに流れているわけではない。水流を調整して川の位置が変わらないように底面や側面がコンクリートで補強されている。世の中に真っ直ぐな川はない。どこかで曲がっている。そして放っておけばその湾曲部で水流は側壁を削り取って、さらに深い湾曲へと形が変化していくものである。しかし都市部でそうなると川沿いの建物を飲み込んでしまうことになる。大雨で鉄砲水が起こるとテレビニュースにそうした災害が報じられることがある。だから川はそうした災害を避けるために人工的に手が加えられているのである。

同様に高低差が大きい都市部には至る所に崖がある。東京はそのいい例である。山手と下町の間は手のひらの指の形のように、低い部分が高い部分に食い込んでいる。その境界は崖である。その高低差は大きいところで二十メートル近い。その崖は角度が緩いところは緑地で、急なところはコンクリートのパネルなどで補強されている。いわゆるコンクリート擁壁である。筆者の家は神楽坂にある。神楽坂は飯田橋の外濠から同名の坂が台地の上に向かっている。百メートルくらいはとても急でそこからさらに緩やかに上がり一番高いところに赤城神社がある。群馬県の赤城山にあった赤城神社から分霊されたものである。そしてその神社から逆に一気に、神田川に向かって下りになる。筆者の家はその下ったところにある。地名は赤城下町。よって家の窓からコンクリート擁壁が見える。擁壁はその強度を保つために少し角度がついている。垂直に立つことはない。したがって雨がその上を流れているのが見える。

さて川の側面、底面にしても、擁壁にしても、これらは自然災害を防ぐための人工的防災土木である。しかしそれらは既述のとおり、自然に晒されて自然が刻印されて風化する。人工物であるが表面が劣化して崩れ、そして苔むす。こういうものは自然に見えてくる、あるいは自然に変容している、もっと言えば自然に回帰していると表現してもいいのかもしれない。都市の中の第二の自然と言えるのではないだろうか。

参考書

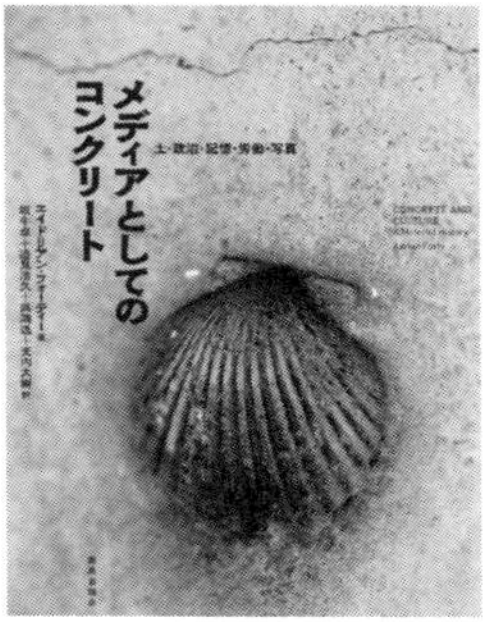

エイドリアン・フォーティー
『メディアとしてのコンクリート
——土・政治・記憶・労働・写真』
坂牛卓、邉見浩久ほか訳、
鹿島出版会、二〇一六(二〇一二)

この本の原題は「Concrete and Culture」です。つまりコンクリート文化論なのですが、建築の素材を文化的に語る本は希有です。木や石など近代より前の時代の素材についての文化論はあります。それはそれを使ってつくられる建物に文化的価値を感じている人が多いからです。しかしコンクリートは近代に使われるようになった素材です。人は近代の建築は機能的であっても文化的なものとはあまり思っていません。だからコンクリート文化論がないのです。しかしそれは大間違いでコンクリート建築は深く文化に関与しています。自然との関わりもコンクリートが背負い込んだ難題なのである。本書を読むとコンクリートの未知の側面が見えてきます。

創作としてのアート・音楽

5章　建築とアートの相互関係

1 西洋建築は芸術から機械になった

今でこそ建築は実用に供するものとして誰も疑わない。しかし誰しもが京都奈良、あるいは海外の古都で見る建築には実用品としての建築とは違う美しさを感じている。それらは実用の器とは少々異なる目的でつくられていたからである。あえて言えばそれは芸術である。では建築はいつ芸術になったのだろうか。

芸術になった時

建築史を紐解けば古代エジプトから建築はある。それらは誰が設計したかと言えば、つくる人が設計もしていた。今でいう建築家が設計をして、施工者がいて、それをつくるというような分業はなかった。時を経てローマ時代にはウィトルウィウスのような理論家、建築家が現れ建築の理論書を残しているものの、ウィトルウィウスが特定の建築に自らの名を冠した記録はない。

一般に古代の建築をつくる技術者兼設計者は、つくる人（職人）という位置付けなので、建築それ自体も学問でもなければ、芸術でもなかった。ギリシア時代の学問とは、その後リベラルアーツと呼ばれることになる七自由学科と呼ばれるもので、それらは文法、修辞学、弁証法、算術、幾何学、音楽、天文学だった。そこに絵画が入り込むのは中世キリスト教において九世紀に聖像禁止令が解除されて、美術の目的が僧院を飾ることとなった頃である。この美術は十三、四世紀に商工業同様に生まれた組合（ギルド）における徒弟制の中で制作されるようになる。この徒弟制の内容を変革させたのが、本書でも何度か登場するルネサンスの建築家レオン・バティスタ・アルベルティである（**図5-1**）。彼は絵画にも精通しており『絵画論』を著し、絵画は師匠を真似ることではなく、自然と科学が師匠であることを説いた。また『建築論』を著し、建築学を位置付けた。それと同様な主張をしたのがレオナルド・ダ・ヴィンチであった。

図5-1　レオン・バッティスタ・アルベルティ「サンタ・マリア・ノヴェッラ教会」ファサード　フィレンツェ　1470

そうしてもっと自由に芸術を学ぶ場所として、一五六三年に芸術の学校アカデミーがジョルジュ・ヴァザーリによってフィレンツェに創設された。その後アカデミーは自然科学、文学、美術などに分化した。十六世紀にローマに、十七世紀にパリに、美術アカデミーが生まれた。そして一六七一年にフランスで王立建築アカデミーが創設された。

この時、建築が制度的に芸術の仲間入りをした。フランス革命で一時学校は廃止されるが、建築部門だけは存続し、彫刻、絵画も復活し、その後十九世紀にエコール・ナシオナル・シュペリウール・デ・ボザールと改称された。

建築がこうして芸術になる一方、科学技術としての教育もなされていく。同じくフランスでは一七四七年に国立土木大学が生まれた。土木は道路や治水など国家をつくる主要な工学である。よって国が技術者を養成したのである。そしてその学校でも建築を教えるようになる。こうした工科系の大学が十八世紀にはスペインに、十九世紀にはオーストリア、スイスに誕生する。

イタリアに端を発する芸術家としての建築家教育が、各国の工科大学という学校で技術的側面も教えることになったのと同じ頃、イギリスではサーベイヤーと呼ばれる調査師が王室にいた。彼らから建築家が分化独立したが、彼らの職能は芸術家的建築家ではなく社会資本を作る技術者と位置付けられた。日本の建築教育は明治に始まるが、その時招聘した建築家がイギリスのジョサイア・コンドル（一八五二〜一九二〇）であった。よって日本の建築教育は比較的工学的な色彩が強いものになった。

大きな流れで見れば、建築は職人の技だったものが、芸術となり、そしてやや遅れて技術（工学）としての側面も帯びてきたのである。

芸術をやめた時

しかし芸術としての建築は教育制度とは別に、建築を取り巻く社会の変化によって、自らを違う範疇のものへと変化させる。

それは著名な歴史家レイナー・バンハム（一九二二〜一九八八）の言葉を借りれば、機械の時代が到来したからである。もちろんその淵源は産業革命にある。蒸気機関が発明されてそれが機械を動かし工業が生まれ、電気が生まれ照明が灯った。人々の生活も産業も急激に変化した。当然それを包む建築にも大きな変化が生まれた。

まず建物の種類が増えた。それまで社会の上層にある政治と宗教を司る王宮と教会のうち、産業革命と同じ頃起こった市民革命により王宮は縮小され、政治を司る議会や行政の建物が生まれた。また蒸気機関が機械を生み工場がつくられて、そこで生まれた製品を運ぶ鉄道が敷設されると駅ができ、貨物列車が走り倉庫ができた。商品を売る商業施設ができ、それを売り買いするための貨幣をつくる造幣所がつくられ、銀行が生まれ、株式会社ができれば証券取引所が必要となった。

また市民層が生まれて裕福になると、余暇を楽しむために劇場や美術館、音楽ホールが生まれ、体育館、運動場などがつくられた。また教育も重要となり初等、中等教育の学校、大学も増設された。

かくの如く、機械の時代は単に機械を使った生産施設だけではなく、機械が社会を変え社会が建築を変えたのである。そしてこれらの施設がそれまでの王宮、教会と大きく異なったのは、その設計の態度である。

十九世紀の終わり頃、ウィーンのアカデミーにおける建築の教授で著名な建築家であったオットー・ヴァーグナーは、アカデミーの教科書として『近代建築』（一八九五）を著した。そのなかでヴァーグナーは「芸術は必要にのみ従う」と述べるのである。さらにその考えを建築に広げて、建築には目的があって、その目的を充足することが建築の使命であると述べた。ヴァーグナーのこの考えはこの本の初版が出た頃は誰も相手にしてくれなかったと、第三版の序文に書いている。しかし第三版まで出たということは徐々にこの考えが染み渡ったということだろう。

ヴァーグナーのこの考えは目的建築論と後世の人が呼ぶようになる。今でこそそんなことは当たり前で、不思議な感じがするが、十九世紀の終わり頃まで建築は芸術だった。しかしこの本が出る頃を境に建築が所謂芸術をやめた。そして目的を満足させる機械に変わっていったということである。

それを言葉にした建築家がル・コルビュジエである。彼の有名な言葉「住宅は住むための機械である」は、住宅は自動車のような機械になることを信じて疑わなかった言葉であろう。彼はある本にこういうことを書いている。「家はバラバラの部品になり、工場の機械で製造され、フォードが自動車を組み立てるように、ベルト・コンベアの上を移動しながら組み立てられなければならない」と。

そして「シトロアン住宅」（**図5-2**）と命名した住宅のシリーズを発表した。これはフランスの自動車メーカー、シトロエンをもじったもので、自動車のような家を目指したということである。

二十世紀初頭の建築家たちはル・コルビュジエに限らず、建築のそれまでの伝統と一線を画して新しい都市のスピードに適応し、機械で未来をつくることを考えていた。

その時芸術という概念自体がすでに過去のものとなっていたのである。よって彼らにとって芸術を志向することは過去を振り返ることになり、それは思考の後退を意味した。未来へ投企する発想は建築を芸術から切り離し、新しい美学の下につくらなければならなくなったのである。

では一体それはどういう美学だったか。二十世紀の建築は一言で言えばこのル・コルビュジエのギエット邸のように装飾のない箱である。これはそれ以前の装飾に満ちた建築群とは異なる。建築が芸術という精神の自由と美的なコミュニケーションを志向する媒体であることを目指したものではなく、機械としての有用性と効率性を優先したものへと変化したのである。そこで生まれた新しい様式を実体的に的確に表したのが一九三二年にニューヨーク近代美術館で行われたModern Architecture: International Exhibitionと題された展覧会であった。この展覧会は建築史家のヘンリー・ラッセル・ヒッチコック（一九〇三～一九八七）と建築家のフィリップ・ジョンソン（一九〇六～二〇〇五）たちによって企画された。さらにこの二人は『インターナショナル・スタイル』（鹿島出版会、一九七八〔一九三二〕）という書籍を刊行した。そのなかで二十世紀の建築は三つの特徴を持つと分析した。一つは塊ではなく空間（ヴォリューム）、二つ目は規則性、三つ目は非装飾である。一つ目の特徴における塊というのは

図5-2　ル・コルビュジエ「ギエット邸」（シトロアン住宅）アントワープ　1927

それまでの石積みによってつくられた石の塊のような建築を指し、そこから柱で建物を支えて薄い被膜のような外壁の内側に空間（ヴォリューム）の満ちた建築へ変化したことを言わんとしている。二つ目の規則性というのは柱や窓が同じリズムで並んでいるという意味である。そして最後の非装飾は読んで字のごとく、装飾のない建築ということである。これが二十世紀初期三十年くらいの間に生まれた新しい建築の特徴である。そしてその特徴は、半世紀以上は続くのである。

ル・コルビュジエやミース・ファン・デル・ローエたちは芸術としての建築をやめて機械の美学を探求し、その美学の中で柱の一本一本をどうしたら美しくみせられるか、空間の大きさをどのくらいにしたら豊かになるか、一枚の無装飾で平滑な面はどうしたら単調にならないかなどを考えたのである。しかしその後二人の敷いた路線の上に乗った多くの設計者たちは空間、規則、非装飾であればそれ以上のことを考えない安直な道を進む。そうやって生まれた建築は機械の美もなければ効率性も覚束なく、芸術性もない凡庸なものに堕していくのである。そして世紀の後半にはまた新しい建築と芸術との関係が生まれてくるのだが、それは後述する。

2　西洋建築を輸入した日本

輸入直後の日本

前節では西洋における建築の歴史をその芸術性という視点から駆け足で見てみた。では日本ではどうなのだろうか。前節で少し触れたが、建築の発祥地はギリシア、ローマと言われ、その後イタリアで建築のアカデミーができて建築は芸術の仲間入りをした。一方イギリスでは建築家はサーベイヤーという仕事から分化して現れた。それは不動産を生み出すエンジニア的色彩が強い職能であり、その国の建築家ジョサイア・コンドルが日本で最初の建築の先生として来日し、東京大学工学部の前身である工部大学校の造家学科（後の建築学科）の教師として西洋建築学を教えたのである。また教えるだけではなく、建築家として鹿鳴館（**図5−3**）などの日本の重要な建築の設計もした。

図5-3　ジョサイア・コンドル「鹿鳴館」　東京　1883

明治維新で日本が開国をする前の日本建築はというと、現在の東京には江戸城があり、京都には二条城があり、各地には天守閣を持った城があった時代である。そこにこうした西洋の所謂芸術的な建築を設計できる建築家がやってきて大学生にそれを教えたのである。

明治時代は日本が開国をして近代化という名の元に新しい文化を輸入する時期であるが、近代化とは即ち西洋化に他ならなかった。日本はすべての分野におして西洋を師として自らを変えていったのである。建築もそうである。しかし自らが変わるには少し時間がかかる。全体が変わるまでの時期、つまり建築家というような職能が十分に行き渡るまでの間、それまで建築を設計してつくっていた大工さんが見よう見まねで西洋建築をつくった。例えば松本にある旧開智学校（一八七六）（**図5-4**）がその一つである。ちょっと西洋風だけど、どうも怪しい西洋風である。

そんな風にして明治初期の日本には西洋風が伝わってくる。それは西洋における芸術の時代の建築である。その時代に日本でつくられたものがどれだけ芸術的価値を持っているかはケースバイケースであるが、まだ機械の時代にはなっていなかった。

芸術としての東京駅

コンドルが教えた最初の学生に辰野金吾（一八五四〜一九一九）がいた。東京駅の設計者である。辰野は唐津藩の下級役人の次男として生まれ、工部大学校の第一回生として一八七三年に入学、一八七七年にコンドルが工部大学校に赴任、コンドルの薫陶を受け、一八七九年首席で卒業。一八八〇年にコンドルの前職場であるイギリスのバージェス建築

図5-4「旧開智学校」 長野 1876

事務所及びロンドン大学で学ぶ。帰国後コンドル退官後に工部大学校の教授となり、工部大学校が帝国大学工科大学となりそのまま教授として奉職し一九〇二年に辞職した。一八八四年から設計作品を残し、一八九六年に日本銀行本店、一九〇六年に日本銀行京都支店、一九〇九年に奈良ホテル、一九一四年に東京駅、一九一八年に大阪市中央公会堂など実に多くの設計をした、現存しているもののうち八個が重要文化財、五個が登録有形文化財である。設計したものの中にこれだけ文化財を含む建築家もそういないだろう。

重要文化財とは日本にある、絵画、彫刻、工芸品、書跡・典籍、古文書、考古資料、歴史資料、建造物などの有形文化財のうち、歴史上、または芸術上に重要なものを国民の財産として後世に伝えるために文部科学大臣が指定するものとされている。

ではその重要文化財に指定されている東京駅を見てみよう。使われている駅舎で現在（二〇二五）重要文化財に指定されているのは北九州市の門司港駅とこの東京駅だけである。この東京駅が重要文化財に指定された説明として文化庁のデーターベースには次のように記されている。

「…設計は辰野金吾で…建築様式は、いわゆる辰野式フリー・クラシックの様式になる。…煉瓦を主体とする建造物のうち最大規模の建築で、当時、日本建築界を主導した辰野金吾の集大成となる作品として、価値が高い。」とあり、重要文化財に指定された評価の基準として、本建物は意匠的に優秀、歴史的価値が高いと記されている。こうした評価内容を見ると、設計者の辰野金吾の重要性とともに、歴史的にも、芸術的にも、評価が高い建造物とみなされていると考えられよう。

辰野の建物は煉瓦造りで白い石によって縞模様がつくられるものが多く、それを辰野式フリー・

クラシックとここでは呼んでいる。多少装飾的で西洋の様式建築を彷彿とさせるが、それとは少し違う独自のデザインなのである。

東京駅（一九一四年）（**図5-5**）にはこの煉瓦と石によって、建物のファサード（正面となる壁面）に

図5-5　辰野金吾「東京駅」　東京　1914

図5-6　辰野金吾「大阪市中央公会堂」　大阪　1918

白い縞が施されているのが見て取れる。その四年後に辰野の設計で竣工した大阪市中央公会堂（一九一八年）（**図5-6**）を見ると、ここにも建物の低い部分に白い縞が見て取れよう。西洋の建築を輸入したものの、なんとか自らのスタイルに昇華しようとしている痕跡がある。

さて辰野は工部大学校第一回生という明治最初の日本人建築家と言っても差し支えない。彼らは西洋ではまだ建築が芸術の時代だった頃の建築を学んだ世代である。しかし西洋では既述の通り、世紀の変わり目頃に徐々に建築が機械になる。それに伴って日本も芸術建築ではなく、機械建築が輸入されてくる時代となる。その時代を見てみよう。

分離派の誕生

一九二〇年に東京帝国大学の建築学科の学生が卒業直前に「分離派建築会」なる組織を結成し、「過去建築圏より分離し、総ての建築をして真に意義あらしめる新建築

図5-7　ブルーノ・タウト「ガラス・パヴィリオン」　ケルン　1914

図5-8　山田守「東京中央電信局」　東京　1925

図5-9　三菱合資会社地所部「丸の内ビルヂング」　東京　1923

圏を創造せん」と宣言した。要は辰野金吾がつくり上げたような、西洋の様式建築の日本流解釈ではなく、全く新しい建築をつくろうという宣言である。しかしそれは全く新しいものではなく、西洋で勃興していた新しい建築を範としたものだった。そしてその範としたものは、ル・コルビュジエなどがつくった白い箱ではなく、その隣のドイツで起こったやや異なる建築のつくり方であった。それはドイツ表現主義派（**図5-7**）と呼ばれるスタイルで、簡素でのっぺらぼうな白い箱ではなく、その名の示す通り、もう少し表現の幅が感じられるスタイルである。西洋の新しい建築は一枚岩ではなく、直線主体の箱型から、少し曲線も交えた表現的なものまで色々あり、分離派はこの後者を真似たのである（図5-8）。

簡素であろうと表現的であろうと、それらの建築は辰野金吾がつくり上げていた西洋の芸術建築を咀嚼したものとは全く異なる美学でつくられていた。それは根底ではやはり機械の美学だった。

さてしかし分離派の建築家としてはこの美学は新しい芸術だという位置付けである。それに対して建築は芸術ではない、あくまで人々を守る堅固なシェルターであるという思想が分離派以前に生まれていた。それは一八九一年に濃尾地方を襲った大地震で名古屋近辺の建物が大きな被害を受けたことに端を発する。地震大国日本において、この地震は地震の少ない西洋のモノマネではいけないということを肝に銘じる事件となった。そしてそれ以後、始まる高層ビルの需要（図5-9）と連動して耐震設計理論の研究が進展する。

そんななか、構造を学んだ論客、野田俊彦（一八九一〜一九二九）が一九一五年に「建築非芸術論」を記す。これは野田の東京帝国大学における卒業論文に手を加えたものだが、高く評価された。

こうした一連の構造重視の思潮に異を唱えたのが前述分離派だったのである。この二〇年代の状況を一言で言えば、建築は芸術か否かで論争が生まれたということである。

メタボリズムの勃興

分離派の新しい建築を求める意思は、新しさと同時に芸術性を重んじる意図があった。さてその後、日本の建築界には芸術性に加えて、さまざまな問題意識が現れた。それらはまず日本の伝統であり、次に工業化というようなことだった。そして戦後は復興のための建築活動が中心となり、焼け野原に住宅を供給することが課題となった。六〇年代には建築家は都市を語り、そして日本が世界に誇るオリジナルなアイデアであるメタボリズムという運動が始まる。

メタボリズムとは新陳代謝という意味である。そしてその名の通り新陳代謝する都市デザインを若手建築家たちが提案した。菊竹清訓（一九二八〜二〇一一）は「塔状都市」と題して、空中に塔の如く成長する都市、「海上都市」と題して海上に成長していく都市を、大高正人（一九二三〜二〇一〇）は「海上帯状都市」、大高正人と槇文彦（一九二八〜二〇二四）は「新宿副都心計画」を、磯崎新は「新宿計画」を発表した。こういう提案はどれも必要に応じて都市が大きくなったり小さくなったりする可変性を秘めたものだった。この考えが具体的な形となって現れたのが一九七〇年に大阪で行われた万国博覧会であった。千里ニュータウンの三百三十ヘクタールの土地に、世界から七十六カ国、日本から三十二の団体が展示館を出展し、六千四百二十二万人弱の入場者を記録した。

筆者も小学生の時に訪れたが、どこのパヴィリオンに入ったというような記憶はなく、思い出すのはとんでもない人の波だった。日本国内の展示館のいくつかはメタボリストによる設計で、彼らの思い描いた成長する都市をそのまま形にするものが見られた。

さてメタボリズムは生き物の成長、新陳代謝に想を得たデザインであり、これは建築を芸術にしようというような考え方とは全く違う。建築を部品化してその構成を如何様にも変えられるというシステムである。それはオーディオのコンポーネントのような工業製品の考え方である。つまり機械の延長上にある。ただしこの考え方でつくった建物がその後実際に新陳代謝したかというとそうはならなかった。既述の黒川紀章の中銀カプセルタワービル（図4-13）というのも、この考え方のデザインである。それは必要とあればカプセルが付加され、不要になったら取り外しできるというものだった。しかしそのようなことは現実には起こらなかった。というのも一度つくった建築を変化させるのは実際にはとても難しいことだったからである。

住宅は芸術である

メタボリストと同時代を生きた建築家でメタボリズムを徹底して批判した建築家がいた。4章で紹介した「民家は〈きのこ〉と同じなのだ」と言った篠原一男である。彼はメタボリズム運動が問題視したことを違う角度から考えた。メタボリズムは都市・建築を新陳代謝するものとして考えた。なぜ建築や都市が新陳代謝する必要があったかと言えば、建築や都市へのニーズは社会の変化とともに変わる。そうすると必要な建物の広さや機能も変わる。もしこのニーズに対応できないと建築は機能不全に陥り、建て替えざるを得なくなる。これに対してメタボリストは建物が新陳代謝できればこの機能不全を乗り越えられると考えたのである。

この理屈に対して、篠原一男は新陳代謝理論の根底にあるのは建築を効率性で考える西洋的な合理性であると訴えた。建築というのはそういう効率性の上にあるものではなく、人間を包む器として、人間の感情に訴える空間でなければならない。だから第一に考えるべきは空間の美しさだと主張した。そしてもし美しいものであれば、機能不全に陥ったらそれをその美しさを求める人に譲り、その人がその建築を愛でて大事に使うはずだと言った。

つまり建築を芸術品として、人から人に譲渡されていくものにすることで建築が長く愛されて壊されないで維持されると考えたのである。六〇年代というのは日本の高度経済成長期であり、人々は皆右肩上がりの工業に裏打ちされた経済成長を当然と思い、建築界もその成長に乗ることを考えていた。それに対して、経済とはおよそ並走しにくい芸術を自らの建築の中心に据えた篠原一男という建築家は特異だった。

2章で紹介した彼の設計によるから傘の家は、二〇二二年にドイツの家具メーカーヴィトラ社の敷地内に移築された。移築の理由は機能不全ではなく日本の敷地に計画道路が走り移築か取り壊しを余儀なくされたからである。オーナーは一人でゆっくり余生を過ごしたいという理由からこの家を維持するつもりはなかった。しかしこの家の価値を感じており、引き取り手を探していた。そこにこの建物の価値を知るSANAAの二人が間に入ってヴィトラ社が受け取り、ドイツに再建したのである。篠原の考えは荒唐無稽ではなかった。

3　建築はアートを真似る

ここまでの話を少し整理しておこう。建築は職人芸だったものが、イタリアでアカデミーという学校ができ芸術となった。しかし二十世紀に入り、建築は機械となる。日本では明治維新後、まず芸術を学び東京駅のような建物ができ、その後機械を学び、分離派のような運動が起きた。さらに戦後メタボリズムという一歩進んだ新陳代謝する建築という概念が生まれた。これも機械の延長にあった。そして篠原一男が登場し、機械は人を疎外する。よって建築を再度芸術に戻そうと試みた。

建築、芸術におけるモダニズムの終焉

六〇年代後半に二つのことが同時に起こる。建築では、これまでのモダニズム建築に疑義が提示されポストモダニズムという時期に入る。絵画ではアメリカを中心に猛威を振るっていたモダニズム絵画の流れが終焉を迎える。この現象をまず説明しよう。

モダニズム建築への疑義とは、機械となった建築が人間を包む殻として不十分だと考えられるようになったということである。機能一辺倒、効率大前提の箱建築はつまらないという批判だった。しかしそれなら機械を止めて芸術をやろうとなったわけでもない。機械はつまらないのでもっと豊かな表現をしようと言って、建築家たちが最初に持ち出したのは昔風の建築をつくろうと、歴史的な様式建築の模倣を始めたのである。

絵画はどうかというと、モダニズム絵画は抽象的で何を描いているかわからないという理由でそれ以前の印象主義の絵画などに比べ不人気であった。具体的な対象を描いているのではないのだから当然のことなのだが、絵画に意味を読みこみたい人たちにはつまらないと言われ始めた。

この二つの現象をもう少し突っ込んで説明するとこうなる。アートと建築は二十世紀に入った時

モダニズムという時期に突入した。モダニズムというのは色々な定義があるのだが、美術史的に言うと、美術のそれぞれのジャンルの特性を最大限に生かすというものだった。つまりその特徴とは建築なら三次元で空間がある。絵画なら二次元でキャンバスと絵の具がある。というようなことである。そしてそれらを活かすということは、そのジャンルにないものは使わないということでもあった。だから建築では装飾のような外界から入り込む物語を拒否してツルツルの三次元の箱にして、その箱の形とかプロポーション（比率）だけで美しさを競った。絵画なら、そこに描かれているものが誰かとかその風景が美しいとか、描く対象を用いてその価値を探求するのではなく、絵の具とそのマチエールだけで勝負したのである。その良い例がジャクソン・ポロック（一九一二～一九五六）やウィリアム・デ・クーニング（一九〇四～一九九七）である。

しかし六十年代にこのジャンルの自律性、純粋性で美を競うという考え方が終わりを迎えた。この終わりは、モダニズムの終わりということである。それはその前の時期である建築も絵画も同じ芸術だったという時期に戻るということを意味した。言い換えれば兄弟がある時期他人になり、また兄弟に戻ったというようなことである。

しかし建築も絵画も昔の「芸術」に戻るのではなく、双方新しい姿を模索した。ただモダニズムの時に生まれた二つのジャンル間につくられた大きな垣根がなくなったのである。

建築、アートの急接近

そうすると、どちらかというとモダニズム以降（六〇年代）、建築より一歩先を進み、色々な表現ジャンルを開拓したアートに、建築は七〇年代くらいから接近するのである。因みにモダニズム絵画の後六〇年代に芸術は様々な分野を開拓した。アンディ・ウォーホール（一九二八〜一九八七）らが有名なポップ・アート、オノ・ヨーコ（一九三三〜）で有名なコンセプチュアル・アート、ミニマリズム、ランド・アート、などである。この六〇年代以降の芸術をそれ以前と区別するために「アート」と呼ぶことが多い。さてアメリカの美術史家であるハル・フォスター（一九五五〜）は著書『アート建築複合態』（鹿島出版会、二〇一四（二〇一一））において、建築とアートの関係について詳しく説明している。以降彼の説明に添いながら建築で起こったことを時代順に述べていこう。

まず既述の建築のポストモダニズムという運動の発端となったアメリカの建築家ロバート・ヴェンチューリ（一九二五〜二〇一八）の考え方を示す。ヴェンチューリはその時代の建築はポップ・アートに先導されたと述べる。ポップ・アートは読んで字の如く、ポピュラーな（人気のある）アートである。イギリスに端を発し、アメリカで爆発的に広がる火付け役がアンディ・ウォーホールである。広告代理店のデザイナー出身なので人々の心を摑むデザインのポイントを熟知していた彼は、最初にスーパーマーケットで誰もが目にするキャンベルスープの缶を題材にし、次に食器洗いパッドが入っているブリロの箱を正確に模造した作品をつくった（図5-10）。さらにシルクスクリーンで有名人の顔を描いた。マリリン・モンローのシルクスクリーンは、東京都現代美術館が高額を投じて購入したことでも有名である。この人々の心を摑むわかりやすさを六〇年代から七〇年代にかけてヴェンチューリが建築の中に取り込んだ。ヴェンチューリはモダニズムの箱は何も語りかけないと言って、今まで誰も注目しなかったラスベガスを学ぶべき都市として『ラスベガスから学ぶこ

図 5-10　アンディ・ウォーホール《ブリロの箱（洗い物たわし）》と《キャンベルの箱（トマトジュース）》　1964

広告的なポップな印象

図5-11　ロバート・ヴェンチューリ「Taoya 霧降ホテル」　日光　1996

物質性を強調したシンプルな直方体

図5-12　ヘルツォーク&ド・ムーロン「シグナル・ボックス」 バーゼル　1988

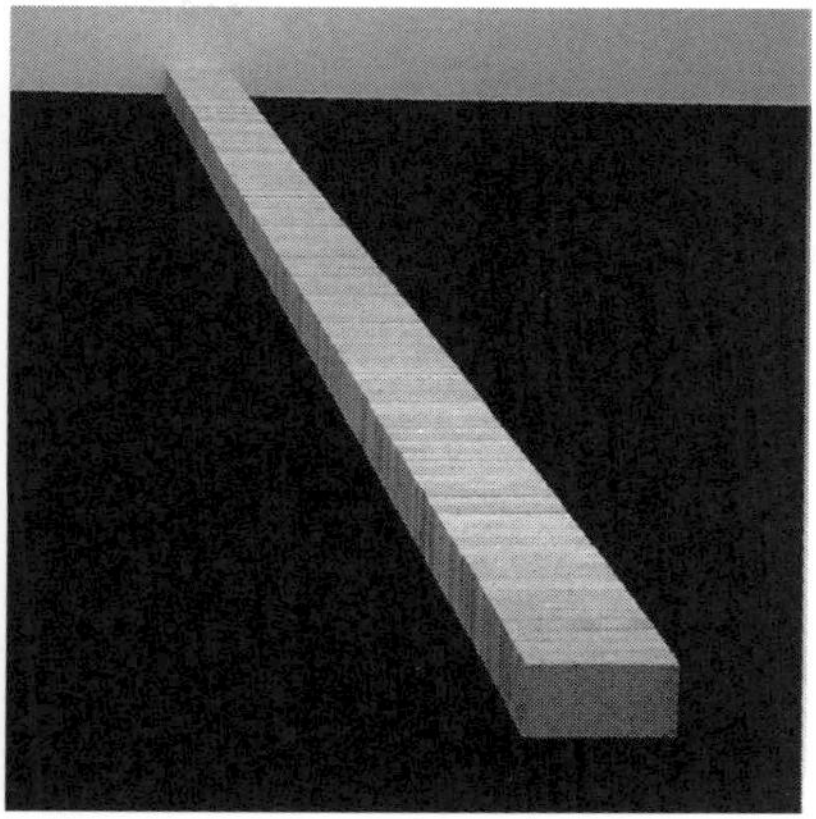

図 5-13　カール・アンドレ《レバー》 1966

と』（鹿島出版会、一九七八（一九七二））という本を書いた。ラスベガスに建っている建築の特徴は、通り沿いに巨大な看板が立ち並び、ホテルやカジノの宣伝をしているところだ。それだけではなくその建物は、世界中の有名なお城や王宮を模したデザインであることが多い。

ヴェンチューリはこうした偽物性は棚上げして、ラスベガスの建築は何も語らないただの箱に比べて何かを語りかけ、そしてわかりやすいと主張したのである（**図5–11**）。

さて時代は八十年代となる。スイスから登場した二人組の建築家ユニット、ヘルツォーク&ド・ムーロンの初期の作品は無駄を削ぎ落とした箱だった（**図5–12**）。その箱性だけに着目すると、これはそれまでのモダニズム建築と変わりなさそうだが、少し違う。それは五十年代後半から六十年代にかけてアメリカで起こったアートの流れの影響を受けている。そのアートの流れは後にミニマリズムという名で定着したものだった。その特徴は抽象性の極限化を通して、シンプルな幾何形体で物質性に注目した表現であった。

平面的には矩形を連続させる構成、彫刻であれば直方体、あるいは立方体を連続させる。そしてその素材が平面構成ではセラミック（タイル）を並べ、立体ではステンレス、コンクリート、レンガなどのその物質性を表現のもう一つの要素とした（図5−13）。ヘルツォーク&ド・ムーロンの箱もその素材性に特徴があった。ある一つの素材でシンプルな立体を包むのである。一つの素材以外を使わない。その抽象性はミニマリズム彫刻がそのまま巨大化したようにも見える。

二〇〇〇年代にアメリカで活躍し始めた三人組の建築家ユニットがある。エリザベス・ディラー、リカルド・スコフィディオ、チャールズ・レンフロ（一九八一設立）である。三人の名前を並べてユニット名はディラー・スコフィディオ＋レンフロと言う。もともとはクーパーユニオンという建築を教える学校の先生だったスコフィディオが学生だったディラーのパートナーとなり、アート・インスタレーションやダンス・パフォーマンスの舞台装置などを制作していた。二〇〇二年にはスイスのパヴィリオンで水蒸気で雲をつくり、パヴィリオンを見えなくした。彼らは建築を学んだが、建築的な、壁があって屋根があるような既成概念で建築をつくる気がなかった。しかしついに建築的なものをつくる機会がやってきた。それは海の見える場所につくる別荘スローハウスだった。そこで彼らは海への眺望のいい場所に窓をつくり、その窓の前に巨大なモニターを置いて外部風景がカメラを通してこのモニターに映るようにし、住人は本物の景色ではなくその景色の前に置かれたモニターを見るという建物を設計した。この計画はクライアントの資金が不足して実現しなかったがこの案自体は世の中に広まり、その奇抜な考え方が彼らの名声を世に広めた。こうした概念操作で建築をつくろうとする方法は六十年代後半から七十年代のミニマリズムの後にアメリカに現れたアートの流れ、コンセプチュアル・アートの影響であるとハル・フォスターは言う。コンセプチュアル・アートとは、作品コンセプト（考え方）が重要で、制作行為自体に意味はないと考えてつくるアートである。よってコンセプチュアル・アートでは提示されたものから、作者の意図を読み取ることに意味があるわけで、そこに現れた視覚はそれを補助する程度のこととなる。

リアルな風景がモニターに映る風景より美しいのは明らかである。しかし世界がすべてメディアを通して伝達される今、本物とメディアに意味の差はないとする作品のコンセプトがスローハウスには込められていた。

ハル・フォスターの観察は的を射ていた。アートは建築より十年から二十年先行している。建築家はすでに実体として世の中に存在するアートを見て、それに対する世の中の反応もわかった上で、それを自らの建築に取り入れているのである。アートが実験して、建築がそれを実践するという関係が二十世紀の後半に生まれていたことになる。

4　関係性

関係性の美学

さてアートはさらに二十世紀の終わり頃に大きな変化を見せる。そして建築は二〇〇〇年代にそれに追随する。ここではまずアートの変化について見てみよう。

フランスで活躍するキュレーターのニコラ・ブリオー（一九六五〜）が九十年代の半ばに書いた論考をまとめた本『関係性の美学』（水声社、二〇二三（一九九八））を一九九八年に上梓した。その一章の章題は「一九九〇年代のアート」で、ブリオーは九〇年代のアートの変化を語るのだが、そのためにアートの歴史を振り返る。アートは、元は神との連絡手段の確立を目指していた。あるいは自然を秩序のモデルとして自然の力を表した。そして人間と世界の関係を示すために、透視図などの図法も発明した。つまり、人間と神の関係、人間と自然の関係、人間と世界の関係を表していたアートが、九十年代になると人間相互の関係、あるいは人間と社会の関係を表すものとして考えられるようになった。そしてこう言う。「したがって、集会、待ち合わせ、デモ、さまざまな種類の共同作業、ゲーム、パーティ、多様な交歓性《コンヴィヴィアリテ》の場など、要するに今やあらゆる出会いの様態と関係の創出それ自体が美的対象として認められるのであり、ここにおいて絵画や彫刻は、形式の生産……の特殊事例にすぎないと言えるだろう」。

この本で特に注目されているアーティストはアルゼンチン生まれのタイ人アーティスト、リクリット・ティラヴァーニャ（一九六一〜）である。彼は一九九四年のディジョンにおけるSurface de réparations展にテーブル・サッカー・ゲームや食材を詰め込んだ冷蔵庫などを持ち込み、参加しているアーティストたちのリラクゼーション・エリアを開設した。交歓性の場ということである。アートはそれまで高度な技の集積として見る人にアーティストの超越性を感じさせて感動を生むものだったが、アーティスト、キュレーター、観者、社会などの関係性を示すものとして、むしろ親近性、日常性を表すものとなってきたのである。

関係性の建築

アートが超越性から、社会との関係性を求めて日常性を表すものへと変化したことに連動するように、数十年程度遅れて建築も関係性の建築を志向する。

二〇一四年に金沢にある金沢21世紀美術館で二つの建築の展覧会が開かれた。それらは「ジャパン・アーキテクツ一九四五~二〇一〇」展と「三・一一以後の建築」展である。東日本大震災で日本の建築の流れが変わったことを表す二つの展覧会だ。前者のキュレーターはパリのポンピドゥー・センターのキュレーター、フレデリック・ミゲルーで、後者は日本の建築史家、五十嵐太郎である。

二つの展覧会で展示されたものの質はだいぶ異なっている。前者には丹下健三や黒川紀章ら、建築家が日本の未来を力強い形態で描いていた建築が並んでいた。一方後者は建築家のカリスマ性ではなく、建築家がそれを使う人と一緒に考え、町やコミュニティをつくり、場合によってはできてからの運営も考える建築が並ぶのである。

後者のキュレーションにはゲストとして山崎亮（一九七三〜）が参加した。山崎はコミュニティ・デザインという新しいタイプの職能を確立して、人と人をつなげ、町を活性化することを仕事としている。

彼がキュレーターに加わることで、二〇一一年以後の建築界に現れた（コミュニティをつくるような）幅広い建築的な仕事が顕在化して注目されるようになったのである。

ところで五十嵐は、この二つの展覧会の差を主とした題材として「リレーショナル・アーキテクチャー」という論考を書いている（二〇一五年）。その主旨はアートの変化と同様に、建築が超越的な美を目指すことから「関係性」をつくることにシフトしたというものである。そしてこのタイトルの由来として、こんなふうに言う。「一方的に建築家が公共のかたちを与えていた時代と違い、複雑化した現代社会の様相を引き受けながら、関係性を構築し、空間の可能性をひきだす試みを、『リレーショナル・アーキテクチャー』と仮に呼んでみよう。…筆者は九〇年代後半、リクリット・ティラバニなどの作品によって注目された『リレーショナル・アート』を意識して用いた」。

そんな五十嵐が注目した建物の一つにみんなの家（図5-14）というプロジェクトがある。これは東日本大震災の後に伊東豊雄が中心となって、震災復興の一環としてつくられた建築だ。そして第十三回ベネチア・ビエンナーレ国際建築展の日本館に展示され、最高賞にあたる金獅子賞を受賞した。この設計は伊東が乾久美子（一九六九〜）、藤本壮介（一九七一〜）、平田晃久（一九七一〜）の若手建築家三名に共同で行うよう指示し、一つの建物を、複数の建築家で「とことん議論をして欲しい」と投げかけた。そして彼らは地元の人と共働しながら場所探しから始めて、復興のシンボルと

なるような人々の集まる場所をつくり上げた。ここでは建築家が個性をあらわにするというような
ことを主眼とするのではなく、建築が社会とどう関係を持てるかがポイントとなった。
こんなふうに建築が建築外にある問題との関係を問うようになったのは二〇一一年以前からのこ
とであるが、三・一一は決定的な契機となった。その意味ではアートが関係性をつくるようになったのとはきっかけが異なるだろうし、建築がアートを意識したかどうかは定かではない。また実は建築が超越的な美を求めるのに対し、日常性を標榜するようになるのは、すでに食のところで紹介した坂本一成らが七十年代くらいから始めていたことでもある。しかしその思考はアートのそれと相同的である。超越性、非日常性への違和感がアートと建築を日常性や関係性へ向かわせたのである。

図5-14　伊東豊雄、乾久美子、藤本壮介、平田晃久「みんなの家」
陸前高田　2011　写真：畠山直哉

参考書

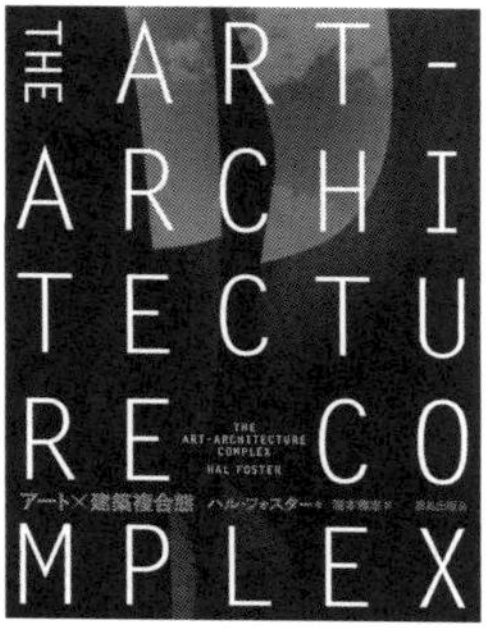

ハル・フォスター
『アート建築複合態』
瀧本雅志訳、二〇一四(二〇一一)

本書は建築とアートの急接近のきっかけがポップ・アートにあったことから始まり、ポップとテクノロジーの類似性を指摘します。またコンセプチュアル・アート、ミニマリズムと関係する建築をあげ、最後に現代を代表する彫刻家リチャード・セラとの対談が行われます。セラの彫刻は分厚い鉄の板を用いるものが多く、その物質性に依存していますが、ポップ・アートのようなわかりやすさはありません。著者はポップを見本にしたわかりやすい建築に批判的で、セラの物質感を肯定します。消費社会が続く限りわかりやすい建築はなくなりませんが、それでは建築の奥深さは生まれないと本書は主張します。

6章 建築を見ると音楽が流れる

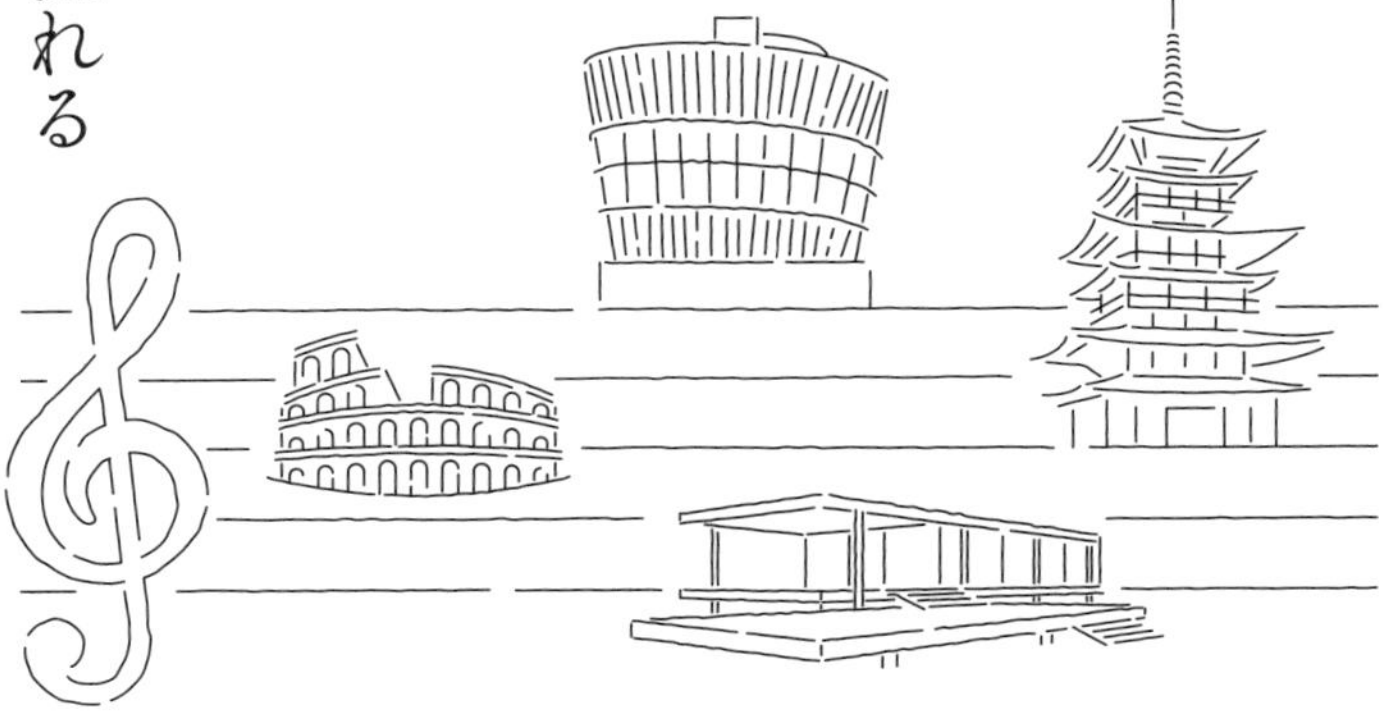

1　時間

空間か時間か

芸術には空間的に構成されるグループがある。一般に写真、絵画、彫刻、建築はこのグループに入る。これを空間芸術と呼ぶ。一方時間の推移の中で表現、享受される芸術がある。音楽、文学などはこれに入る。これは時間芸術と呼ぶ。しかし絵画でも、絵巻物や漫画などは時間がかかるので、これは空間時間芸術ということになる。そして建築も時間をかけないと総体が感得できないものもある。これも空間時間芸術に分類されるべきだろう。

しかし二十世紀の初頭のモダニズム芸術は建築も含めて空間芸術であり、時間芸術ではなかった。つまり時間をかけないで理解する瞬間空間芸術だったのである。建築でも芸術でも大きかろうが小さかろうが、その全体の輪郭線が瞬時に把握でき、その輪郭線が美しく印象的であることが、その芸術、建築の良さと考えられたのである。

輪郭線が重要であるというのは、ドイツの哲学者イマヌエル・カントが『判断力批判』(岩波文庫、一九六四（一九七〇))で絵画の美の条件として述べたことである。そしてそのことは建築、彫刻にも応用され、瞬間的に印象的な輪郭線（形態）をみて取れるものが良いとされるようになった。だから初期モダニズム建築には複雑な形は少なくシンプルな箱建築が多い。

この形態の瞬間把握信仰を崩すきっかけとなったのは、ミニマリズム彫刻である。ミニマリズム彫刻は、直方体を連続的に並べるものだが、少し大きなものになるとそれらを巡って全体を見るためには時間がかかる。一瞬にして全体を把握することはできない。こうしたミニマリズム彫刻を批判したのが、マイケル・フリード（一九三九〜）というアメリカの美術評論家である。彼はこの鑑賞するのに時間のかかることを演劇的（時間芸術のようだ）と呼び、それまでの彫刻の良さである瞬間的な把握可能性を失ったことを批判したのである。

しかしこうした空間芸術を瞬間性に縛り付けておくことは、その芸術の拡張性や可能性を制限することであり、そこに批評の限界を感じたやはりアメリカの芸術評論家ロザリンド・クラウス（一九四〇〜）はビートやパルスといった時間概念を使ってアートの可能性を広げていった。

クラウスは建築批評には入り込まなかったが、建築界でも建築を瞬間空間芸術と見ることが否定され始めた。その最初としてデンマークの建築家S・E・ラスムッセン（一八九八〜一九九〇）は『経験としての建築』（美術選書、一九六六（一九五九））を上梓した。視覚性だけではなく、時間をかけて身体的に感得するという時間性を建築受容に必要なものとして位置付けたのである。

さて長い前置きとなったが、この頃になってやっと建築は音楽同様、時間芸術のカテゴリーに一歩片足を踏み込むことになった。

瞬間建築

さて話の順番では、時間建築の説明となるのだが、その前に建築が瞬間芸術であると言われてきたのは、単に芸術学的に空間芸術に分類されてきたからというだけではない。実際その昔の建築は洋の東西を問わず一瞬を切り取った静止画像として享受されてきたという事実がある。

図6-1 「東大寺」 奈良 728建立

まず日本の伝統建築を見てみよう。京都奈良の古寺を思い出すと3章のシンメトリーの崩壊のところでお話ししたように、古寺の形態構成はほとんどすべてシンメトリーである。東大寺（図6-1）にしても興福寺にしても、古代の寺は伽藍配置上南に南大門があり、そこをくぐりまっすぐ本尊のある金堂に進むようにできている。そして左右対称の金堂をずーっと見続けるのである。

ここには時間経過はあるものの、画像は変化しない。いや正確に言えば少しずつ大きくなるだろうが、その左右対称の図像は変わらないのである。建築家の篠原一男は、この日本建築の左右対称の伽藍配置と建築形態は建物の正面を強く印象付けるようにできているとして、「正面性」と名付けた。この正面性は時間の影響を受けない瞬間的な特性なのである。

では次に西洋の建築を見てみよう。西洋では十五世紀にフィレンツエの大伽藍のドームを設計して一躍建築界に名を轟かせたイタリアの建築家フィリッポ・ブルネレスキが透視図で建物の絵を描くことを始めた。そしてその原理を図学的に確立させたのが同じくイタリアの建築家アルベルティである。透視図法というのは描く人が描く場所（視点）を決めてその前に仮想の画面を立て、対象物のすべての点と視点を結ぶ線を引き、その線が画面と交わる交点をつなぎ合わせて絵を描く方法である。それはカメラで撮ったような絵であり、平行線が一点に集まる図である。レオナルド・ダ・ヴィンチが描いた「最後の晩餐」がその図法をよく表している。

さてこの図法が普及すると、建築家は透視図法で描いたときに美しく描ける建物を設計するようになる。あるいは透視図法は絵画として一人歩きして普及するから、透視図法が美しい建物は有名になる。カメラのない時代、写真映えならぬ透視図映えする建物の価値が上がったということである。

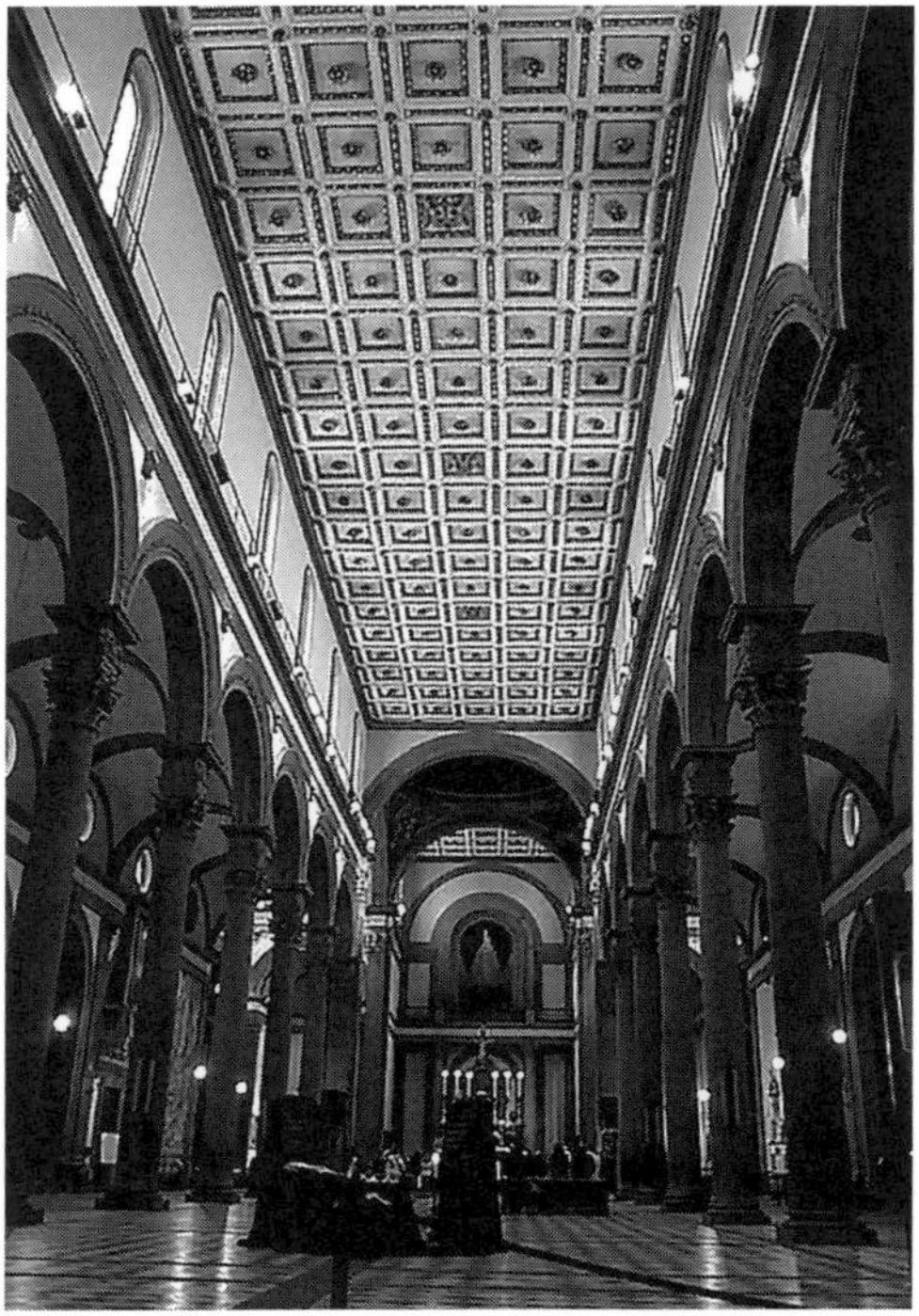

図6-2 フィリッポ・ブルネレスキ「サンロレンツォ教会」フィレンツェ　1419起工

透視図映えする建物とは何か。それは平行線の集まる点、それに向かう線が明確で、それによって空間の奥行きや広がりが生まれるような建築である。写真は透視図を編み出したブルネレスキが設計したサンロレンツォ教会である（図6−2）。この建物も東大寺同様、左右対称でこの空間を奥行き方向に進んでも「景色」はあまり変わらず、両サイドの柱の数が減るものの全体の構成が大きく変化することはない。

　洋の東西を問わず、建築は古来こうした静的な視点から視覚を切り取るものだった。それは瞬間性に立脚していたと言っていい。それがモダニズムに入り正面性や透視図的視点がそれ以前よりも希薄化するのだが、それでも瞬間の美が問われた。透視図の代わりに写真が登場してきたからである。

　モダニズムの名建築を思い起こせば、どれも心に残る一枚の写真がある。ではモダニズムの巨匠三人、フランク・ロイド・ライト、ミース・ファン・デル・ローエ、ル・コルビュジエの建築を思

図6-3　フランク・ロイド・ライト「落水荘」ペンシルベニア　1936

い出してみよう。落水荘（一九三六年）（図6–3）、ファンズワース邸（一九五一年）（図6–4）、国立西洋美術館（一九五九年）（図6–5）を見てみよう。これらはその建築を最も美しく見せる、誰でもが写真を撮るなら、まずはここから撮るだろう、あるいは撮ってくださいという視点があるものだ。もちろんそれが複数あるものもなくはない。しかしその建築がメディアに載って世に流布されるときには表紙に、あるいは1ページ目に使う写真というものがある。だから設計者は設計する時から、その写真はどこから撮るのかを考えている。特にル・コルビュジエのように自らカメラが大好きで写真をたくさん撮っていた建築家はそうした意識が必ず働く。

図6-4　ミース・ファン・デル・ローエ「ファンズワース邸」
イリノイ　1951

図6-5　ル・コルビュジエ「国立西洋美術館」　東京　1959

　篠原一男も同様に写真の構図を設計時から考えていた。彼は住宅建築家として、なかなか人々の目に届かない住宅によって建築を世に問おうとするならば、写真は必須だと考えていた。

よって良い写真が撮れることが良い建築の条件だと言って憚らなかった。つまりそれは建築の瞬間性を重視していたということである。

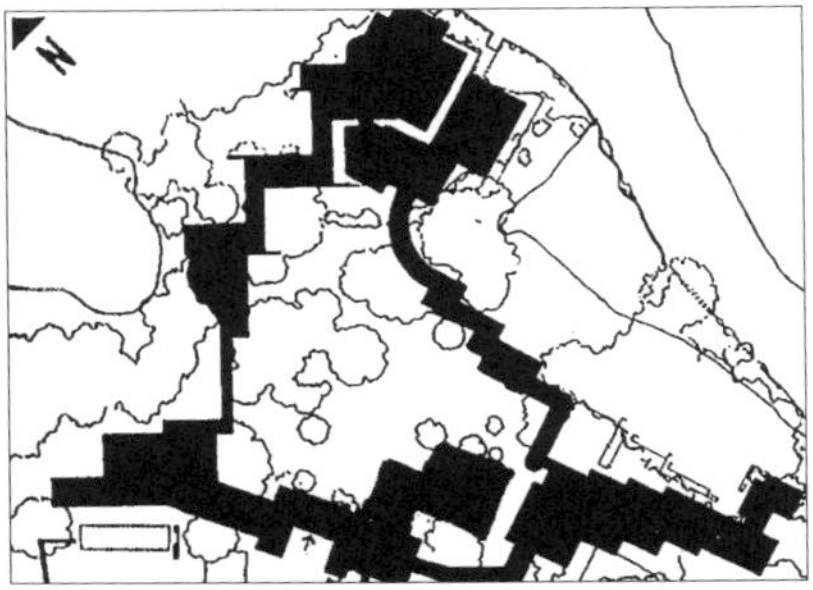

図6-6 ヨルゲン・ボー＋ヴィルヘルム・ヴァラート「ルイジアナ近代美術館」平面図

時間建築

既述の通りラスムッセンが『経験としての建築』を書いたのは一九五九年であり、それ以来建築は一枚の写真ではなく経験や体感だという考えに基づく建物が意識的、無意識的を問わず生まれてきた。一九五八年にデンマークにできたルイジアナ近代美術館は、プライベート・コレクションを展示する小さな美術館だったが、まるで日本の地方の温泉宿のように増築を重ねた末についに円環状になり、回遊性のある美術館となった（図6-6）。敷地は海に面する広大なもので池の見える場所、海の見える場所、庭の見える場所、外の見えない展示室などを点々としながら、美術品を見るのである。それは美術館で展示品を見るというよりは、ピクニックのような経験である。建築経験というより屋根の下で美術品と自然と戯れるというような場なのである。ここはもちろん瞬間建築でもあるのだが、全体を通して時間建築である。ルイジアナ美術館はデンマークにあり、『経験としての建築』が書かれたのもデンマークであるのは偶然ではないような気もする。竣工年と刊行年が一年しか違わないのも、この時代の北欧の空気だったのではなかろうか。

さてこの美術館に私は二度ほど行ったことがあるが、その経験が音楽的だったと思い返される。上の写真が入り口である（図6-7）。プライベート・コレクションだから一軒家という風情である。そしてそのなかに入ると、何か序曲でも始まるような静かな出だしである。そして細い通路を通りながら最初のクライマックスとしてアルベルト・ジャコメッティ（一九〇一～一九六六）の彫刻が二体だけ飾られ、大きなガラス越しに池が見える部屋が現われる（写真中）。この大きな空間のなかに針金のように細いジャコメッティの彫刻がたった二体しかないのである。これは彫刻を見せたいのか心を休めるために池を見せたいのか、わからないようなしつらえである。そしてこのジャコメッ

図6-7 「ルイジアナ近代美術館」

ティのホールを通り過ぎると、いくつかの渡り廊下のような空間を通る（写真下）。そこでは建物の外の庭にいくつもの彫刻が置かれているのである。ここも彫刻とともに庭の草木に目が移る。それは決して、建築の経験でもなければアートでもなく、庭でもなく、その全体なのである。オーケストラの音を聴くときに私たちはそのなかでも主旋律を弾いている楽器の音が最初は耳につくのだが、しかし音楽の体験というのは決してそれだけではない。伴奏楽器との和声を聴いていることも多い。このルイジアナ美術館での視覚は、そうしたオーケストラの総合的な響きを感じるのである。

空間と音楽が繋がる

音楽を聴きながら体が動く人は多いのではないだろうか。クラシック音楽でも体がはねる、くねるという経験はいくらでもあると思う。まして体を動かすことが目的のような音楽ならなおさらである。音楽はそもそもじっと静かに椅子に座って奏者を睨みながら聴くものではなかった。民族音楽と呼ばれるようなものは、農耕の音楽であり、祭りの音楽であり、祝いの音楽であり、それらはすべて人々の運動に関係していたものであった。それがお金を払ってコンサートホールで音楽家の演奏を静かに聴くというようになったのは近代の出来事である。東京大学名誉教授の渡辺裕の著した『聴衆の誕生』（春秋社、一九八九）にはそんな事情が克明に描かれている。

だから音楽はそもそも感情をゆさぶり、おうおうにして身体の運動を誘うものである。他方建築というのはどれだけ小さな空間でも人はその中で動くものである。茶室のような二畳の空間でもそれは茶の作法に則った、ゆったりとした運動の空間ではないだろうか。まして先ほど例に挙げたルイジアナ美術館のような建物は運動しながら経験して一周したときにその建築全体を感得するのである。それは3章の運動しながら味わうで説明したとおりである。私たちは建築を運動しながら感得するのだ。

ニーチェは、人間は踊りながら空間を知覚するとさえ言った。つまりこうである、音楽は運動を促す、運動は空間を知覚する。つまり運動が媒介となって音楽と空間は繋がるのだが、この運動を抜きにして、音楽が空間を想起させ、空間が音楽を心のなかに響かせるということはあるだろうかと考えてみたくなる。

私にはそうした経験がちょくちょく起こる。読者の皆さんはどうだろうか。なんでもいい、皆さんが自分の好きな曲を心のなかに響かせるか、実際にその音楽を聞いてみよう。心のなかに何がイメージされるだろうか。海や川、あるいは森や山といった自然が思い浮かぶだろうか。都市的な喧騒かアート作品か。

そもそも作曲者が自然をモチーフにつくっている曲はたくさんある。私はベドルジハ・スメタナ（一八二四〜一八八四）の作曲した「モルダウ」というプラハの中央を流れるチェコ最大の川モルダウ川をイメージした曲を聴いたときにゆったりと流れる川をイメージしたのを覚えている。そして、現実にモルダウ川の河畔を歩いたときにこれがあの時のイメージだったのかと目の前のイメージを確認して、音楽と眼前の映像が同期した。またエクトル・ベルリオーズ（一八〇三〜一八六九）の

「幻想交響曲」を聞くと、壮大な都市の広場に大群衆が集まって叫んでいるような空間が現れる。これはおそらく誰にでも起こることだと想像する。音楽は空間を私たちの心のなかに現象させることがある。またその逆もある。静寂な空間の中に音が聞こえてきたり、ヨーロッパの伽藍の中でヨハン・ゼバスティアン・バッハ（一六八五〜一七五〇）の音楽が聞こえてきたりすることもある。それは記憶のなかの何かが刺激されているのかもしれない。純粋に記憶を媒介せずに視覚が聴覚を、聴覚が視覚を刺激することはないのかもしれないが、記憶を媒介にしても良い。人間には多かれ少なかれ、その二つの感覚を結びつけた記憶があるのだ。だから空間が音を、音が空間を想起させることはある。そしてそうした二つの感覚に同時に訴えるような空間や音はそれだけ訴求力が高いのだと私は思う。

2 無調

機能和声の建築

十八世紀の終わりごろ、西洋音楽には和声（ホモフォニー）という幾つかの音を響かせ合う考え方が生まれた。和声に対していくつかの音が独立的に発生する音楽があり、これを多声（ポリフォニー）と呼ぶ。「カエルの歌」の輪唱は多声である。和声は独奏楽器があってそれに伴奏がつくような音楽である。その基礎は「ド・ミ・ソ」、「ド・ファ・ラ」、「シ・レ・ソ」、というあの三つの音を鳴らす和音である。

建築にもこの和声と多声があると思われる。つまり建築もいくつかの部位でできている。それは西洋建築なのか和風建築なのか前近代か、近代かでだいぶ違うが、それぞれ少し想像してみるとしよう。古い建築にはあるルールがある。西洋建築なら、前面に列柱があればその上には三角形のペディメントと呼ばれる破風《はふ》がついている。この列柱と三角形の組み合わせがギリシア建築の決まりである。だからこの組み合わせは一つの響き合う要素群として世の中に定着する。そうするとだんだんと一番美しい組み合わせの比率が生まれてくる。それがギリシア建築和声のモデルとなる。

同様に日本建築なら、例えば塔を見てみよう、塔の何枚もある屋根は下から上に向かってその大きさが小さくなる法隆寺の五重の塔のような塔（図6–8）もあれば変わらぬものもある。これもたくさん見てくるとそのもっとも美しい比率が人々の心の中に定着する。それが塔という和声のモデルとなる。この複合の安定感が和声である。ドミソが安定感を持つのと同じである。

しかし近代の建築になり、インターナショナル・スタイルという名で生まれた様式にルールは少ない。5章で見たように近代のルールはヴォリューム（空間）、規則性、非装飾である。これだけだとかなり自由度が高まる。よって様式建築のような比率の定番要素の組み合わせは生まれにくい。部分部分が比較的独立的に主張する。3章で見た妖怪である。これは多声的と言えるだろう。

さて和声を構成する和音の性格について説明しよう。「ド・ミ・ソ」、「レ・ファ・ラ」……はドを基本の音とした時の第一番目の和音と第二番目の和音である。それに続く第三番目は「ミ・ソ・

シ」、四番目は「ファ・ラ・ド」、五番目は「ソ・シ・レ」、六番目は「ラ・ド・ミ」、七番目は「シ・レ・ファ」となる。この時一番目の和音ド・ミ・ソをトニックと呼ぶ。そして四番目はサブドミナント、五番目をドミナントと呼ぶ。そして和音はトニック（一番目）で始まり、最後にまたこのトニックに戻りたくなる性質がある。最後がトニックだと終わった感じがするのである。そしてこのトニックに一番行きたくなる和音がドミナントなのである。

このように和音には、移動方向のベクトルが内在している。このベクトルを含んだ和声を機能和声と呼ぶ。音楽は純粋な時間芸術なので、始まるとどこかでいつか終わる。永遠に響き続けている音楽はない。それは自然界の音であり、人が奏でるものには終わりがある。だから音楽を終わらせるために機能和声が使われる。

図6-8 「法隆寺五重の塔」 奈良 607頃

建築にはそういう機能和声があるだろうか。先ほど列柱があってペディメントがあると言ったが、それを機能和声のトニック、最初の和音だと考えてみよう。さて私たちは列柱を潜り抜け室内に少し入り、どこかから出てくる。再び列柱とペディメントのところに帰って来ればこれでトニックに戻り、音楽のような終わり方をするが、建築は必ずしもそうはいかない。また音楽ではトニックに戻りたくなる性質が人間に埋め込まれているのだが、建築ではファサードを見て一周したらまた最後はファサードを見て終わろうという視覚の終わり方を求める心が我々に埋め込まれているかといえば、そうでもない。

しかし日本建築の大きな寺社仏閣を思い出してみよう。門を潜り抜け建物の正面を見据えながら近づいて本尊を拝み、そして踵を返してきた道を帰る。この時最後にまた振り返り一礼して門を出るような気もする。この習慣化された日本建築の拝み方はトニックで始まりトニックで終わる音楽のような始まりと終わりを形成しているようにも思える。

ギリシア神殿には始まりと終わりの同一性はないような気がしたが、例えば大伽藍、ノートルダム寺院を想像してみよう。正面を拝んで入り口から入り、奥の祭壇の近くまで行って内部を鑑賞してから戻ってきて入ったドアから出る。そしてやはりこの正面を再度拝むだろう。この場合はトニックで始まりトニックで終わっている。

機能和声的な建築も結構あるということだ。しかしそれはその順路が感性的に求められているというよりかは建物動線がそうなっているあるいは建築をめぐる行動の習慣がそうなっているということである。

和声の崩壊

建築の構成要素の組み合わせを和声的（ホモフォニー）と多声的（ポリフォニー）に関連づけると、前近代は前者で近代は後者だと前項で説明した。また機能和声的な自然の動きが前近代建築には散見されることを指摘した。

この和声や多声が崩壊するのが近代後期の建築である。モダニズムにはゆるやかな（和声から多声へという）ルールがあるのだが、そのルールをひっくり返し、二項対立の流れの逆を追求したのがポストモダニズムである。そしてその次に登場するのがデコンストラクティビズムである。これは哲学的にはこの二項対立のどちらかをよしとする考えを否定している。あえて言えば、この二項対立の中庸をうろうろしている。つまりモダニズムはある意味旗幟鮮明なのでルールが見える。その逆張りであるポストモダニズムは概念としては鮮明だが、それを形にした時にその鮮明さは過去を参照しているという意味で既視感がある。そしてデコンストラクティビズムは中庸だから概念としてはぼやっとしているのだが、建築となった時の形はなぜか鮮明である。

これを音楽になぞらえれば、モダニズムである多声（ポリフォニー）の逆であるポストモダニズムは和声（ホモフォニー）に戻る。建築のポストモダニズムが歴史主義（**図6-9**）となったように、音楽のポストモダニズムの手法の一つではホモフォニーを引用する。それがイーゴリ・ストラヴィンスキー（一八八二〜一九七一）である。彼は音楽で言えば新古典主義であり、古典を引用してくるのだ。例えば「プルチネルラ」は十八世紀のナポリの作曲家ジョヴァンニ・バッティスタ・ペルゴレジ（一七一〇〜一七三六）の曲を編曲した作品である。そのなかにひねりがきいている。つまり既知の素材の引用とアレンジでつくられている。素材は和声に則りできているのだ。

さてでは多声（ポリフォニー）でも和声（ホモフォニー）でもないデコンストラクティビズム的音楽家とはと問うなら、音楽理論的には単声（モノフォニー）という一つの旋律が伴奏なしで奏でられる音楽が想起される。九世紀から十世紀ごろにフランク人の住んでいるところで、ローマ・カトリック教会の伝統的な典礼のために歌われたグレゴリオ聖歌がそうである。しかし一千年以上昔のものである。

ではポリフォニーでもホモフォニーでもモノフォニーでもないものはと問うてみるなら、それはフォニー（旋律）がないというところに行き着く。そしてそれに当てはまる人は一人いる。アメリカの作曲家のジョン・ケージ（一九一二〜一九九二）である。彼は三十年代にパリで建築を学び、次項で検討する、オーストリア生まれでアメリカに帰化したアルノルト・シェーンベルク（一八七四〜一九五一）のもと南カリフォルニア大学で学んだ作曲家である。彼は様々な実験的音楽に挑戦した。

図6-9　マイケル・グレイブス「ポートランドビル」　オレゴン　1982

図6-10　ジョン・ケージ「プリペアド・ピアノ」

一九四〇年にはグランドピアノの弦の間にゴム、木片、フォークなどを差し込み、その音色が打楽器のようなプリペアド・ピアノ（**図6―10**）を開発した。またコロンビア大学で鈴木大拙に禅を二年間学び、東洋思想への関心も深いものがあった。また五十年代には中国の易、サイコロ、などを用いて作曲家の意思を可能な限り排除する「チャンス・オペレーション」という方法を考案。そして一九五二年に彼の作品の中でもっとも有名と言われる「4分33秒」という名の四分三十三秒間演奏者が全く楽器を演奏しないという曲をつくった。まさにフォニーがない。フォニーがないどころかリズムも何もないのである。

脱構築という言葉がフランスの哲学者ジャック・デリダによって使われたのが著書『グラマトロジーについて』においてであり、その刊行が一九六七年である。「4分33秒」がつくられた十五年後であるから、もちろん概念的な影響などない。だからこの曲をあえて脱構築だと呼ぶ必要があるかどうかはわからないが、脱構築という概念が多く異分野で使われる場合には、その分野のそれまでの既成概念を見直して、全く新しい仕組みを設定する態度を呼ぶ言葉になりつつある。その意味ではこの音がないということは脱構築的と呼んでもいいのだろうと思われる。

無調の音

ジョン・ケージの先生として前項で登場したシェーンベルクはケージより前に音楽界に衝撃を与えた。それは一九一〇年頃の話である。彼はそれまでの調性音楽と呼ばれる、楽しそうに響く長調と悲しそうに響く短調という二つの音階の使用をやめた。やめたというのはどういうことかというと、この二つの響き方は一オクターブにある十二個の音のうち七個を選んで使うことで生まれるのだが、彼は七個だけ使うというルールを撤廃したのである。さらに言えば「ド・ミ・ソ」、「ド・ファ・ラ」、「シ・レ・ソ」という和音が持っている中心的な音（ハ長調の場合はドの音）を定めないようにしたのである。

シェーンベルクは直感的にその無調の音を並べ続けた。それは彼の内面に湧き上がる響きをそのまま楽譜に記述していったと言える。そしてそれを理論化しようとしたその試みが十二音技法である（図6-11）。

それまでの音楽では、例えばハ長調の曲はド（ハ）の音で始まりドで終わると終わった感じがする。そしてこのハ長調の曲ではド・レ・ミ・ファ・ソ・ラ・シの七音が使われる。ピアノで言えば白鍵だけで引く、もし黒鍵を使えばその時点でハ長調ではなくなる。

シェーンベルクの十二音技法は、まずハ長調のハの音のような中心的な音が現れてはいけない、なるべく十二音を均等に使うという大きなルールがある。そこで彼は十二音を並べた（同じ音は二度使わない）基本型をつくり、その型を逆行する逆行型、その鏡像、その逆行という四つの音の配列

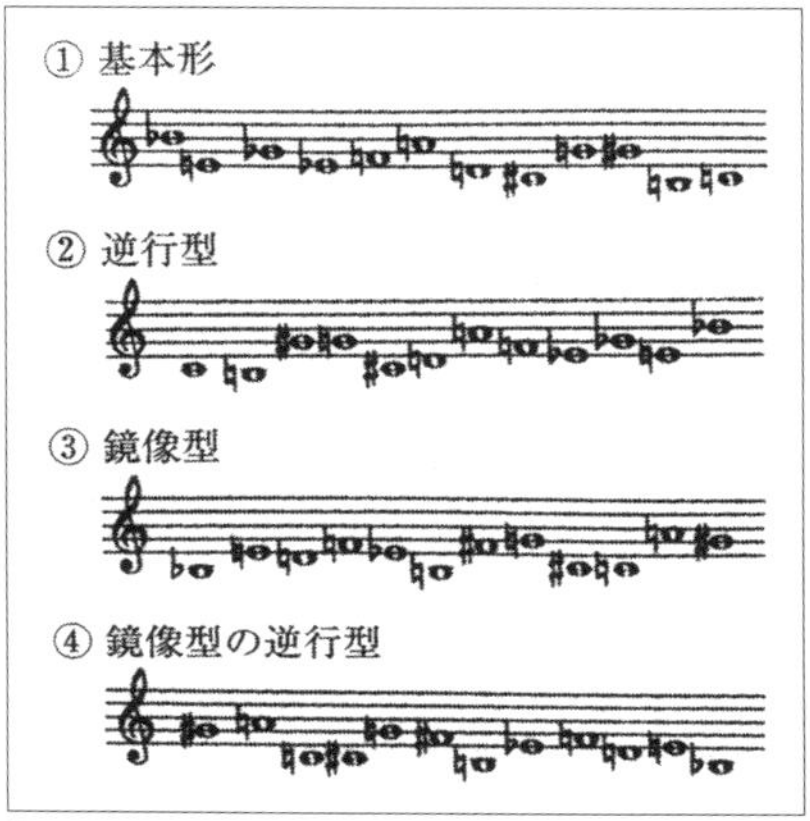

図6-11　シェーンベルクの十二音技法（1908）

図6-12　ル・コルビュジエ「ドミノシステム」1914

をつくりそれを用いて作曲した。

　この中心性のない十二音の均質性にこだわったつくり方を建築に見出すなら、それは差し詰めル・コルビュジエのドミノ・システム（一九一四）（**図6―12**）と言える。このドミノ・システムは、一般にはそれまで西洋建築の伝統である石積み、煉瓦積みの壁が建物の重さを支えていたのに対して、新しい建築は柱で床を支えることによって、壁に建物の重さを支える機能を持たせないことを示している。だからこの図には壁が描いていない、壁がなくても建物ができることを強調するためである。

　もう一つこの絵には重要な概念が潜んでいる。それは床スラブが均質に重ねられる可能性である。西洋建築はそれまで縦方向に三層構成で、低層部、中層部、上層部が違うデザインでできていた。しかし二十世紀に入るとそうしたヒエラルキーがなくなり箱建築ができる。この縦方向のヒエラルキーがなくなったことを顕著に表しているのが、ニューヨークの摩天楼の戦前戦後の変化である。戦前の摩天楼エンパイアステートビルは低層部、中層部、頂部と異なるデザインでつくられていた。それが戦後の摩天楼は、例えばミース・ファン・デル・ローエのシーグラムビルのようにヒエラルキーのない箱になる。このスラブの反復の概念の元はこのル・コルビュジエのドミノ・システムにあったと言えるだろう。

つまりドミノは西洋建築の伝統である縦方向のヒエラルキーを壊して、すべての床を等価にしたのである。シェーンベルクが少し後に一オクターブの十二個の音を等価にしたのはこのドミノが音になって現れたと見ることができるだろう。

3 リズムのある建築

均質なリズム

建築と音楽のもっとも似ている点は、双方リズムがあるところである。リズムのない音楽はない。前項であげた無音の音楽は例外だが、音が時間の中でなっている以上そこにはリズムがある。それが規則的か不規則かという差はあるが、何某かのリズムが生まれている。

建築にもリズムがある。古来洋の東西を問わず、建築は柱から生まれ、その柱は建物を支えるために連続的に等間隔で建てられることが多かった。柱は神が宿るものとして神格化される時もあったし、オーダーと呼ばれ建物の数学的秩序をつくる単位として重視される時もあった。

西洋においてギリシア建築の次に現れるローマ建築では、柱に代わり壁が建物の重さを支えるようになる。長い柱に使えるような石を採掘するのには時間と労力がかかるからである。壁ならば煉瓦のように積み上げていけばいいので、さほど大きくない石でつくれるのだ。しかしローマ時代の建物は、柱を壁の上に壁より少し出っぱらして貼り付けた。これを付け柱と呼ぶ。つまり構造は壁に任せて、美しさとか形態の構成を柱が担ったのである。だから柱の連続性、つまり柱のリズムは維持された。この柱のリズムは西洋建築の基本で、中世のゴシック教会でもその内部空間はそれまでの柱を引き裂いたような細い柱に分節して、それが天井に行ってリブヴォールトとなってまた逆側の壁沿いに降りてくるのである。この細い柱・リブヴォールトという構成要素が必要な数だけ連続して建物全体ができている（図6-13）。よってここでは柱とリブヴォールトの天井の連続性がリズムを生み出している。ルネサンスの建築はギリシア・ローマの建築のヴァリエーションであるからやはり列柱は基本である。

日本の建築も同様である。古代の寺の正面には列柱がある。また伽藍を構成する回廊にも列柱が配置される。中世、近世の日本建築は列柱が減ってはくるものの、真壁と呼ばれる柱が壁の外に見えてくるつくり方の場合は、柱は均等に配置されるのが常だから、そこにはローマ時代の壁柱のようにリズムが生まれる（図6-14、6-15）のである。

さて近代に入る。その建築の特徴をまとめた既述の『インターナショナル・スタイル』を見ると、

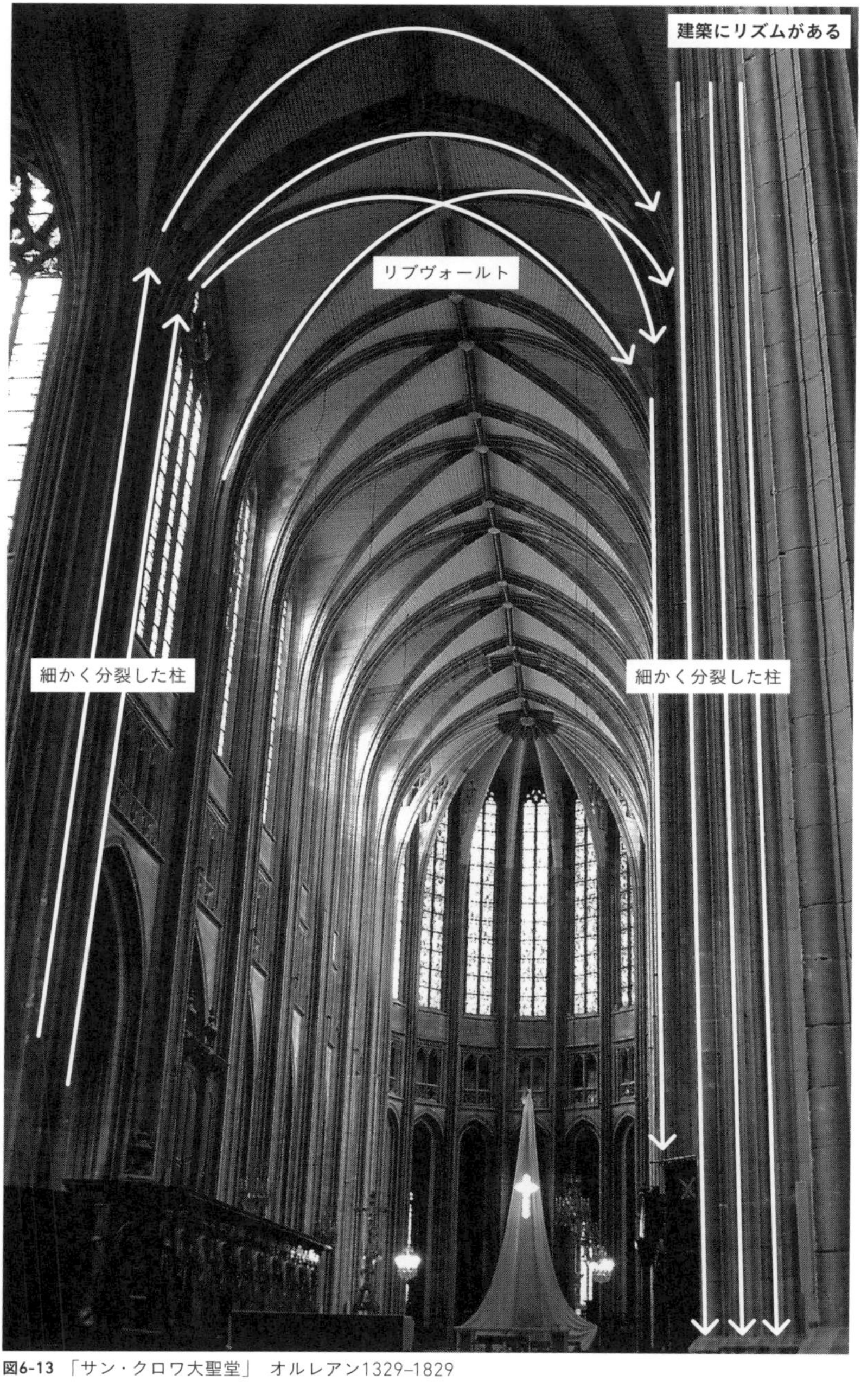

図6-13 「サン・クロワ大聖堂」 オルレアン1329–1829

モダニズム建築の三つの特徴の一つに規則性が挙げられている。これは柱や窓の規則的な配置のことを指している。

モダニズムというイズムは合理性を旨としている。よって柱に落ちる荷重を均等に分散させるために、その配置は規則的になり、規則的なリズムが生まれるのである。

ところで冒頭リズムのない音楽はないと書いたが、そのリズムは一通りではない。普通音楽のリズムは二拍子、三拍子、四拍子というふうに、一小節に入る拍の数で変わる。そして二拍子なら一拍目が強拍と言って少し強い、三拍子も一拍目が強く、二拍目三拍目は弱い。四拍子なら一拍目と三拍目が強いというように均質ではないのである。だから建築と音楽のリズムは柱と柱の間隔が同じで、拍と拍の間隔が同じでも拍の強さが異なるという差があるのである。音楽の場合この強拍があるから音楽に乗る感じが伝わってくるのである。

しかし現代の音楽になると、この強弱のない曲も登場してくる。例えばテリー・ライリー(一九三五〜)という作曲家がいる。彼はミニマル・ミュージックという音楽の傾向を代表する作曲家である。ミニマル・ミュージックとは音の動きをミニマルに抑え、ある音の型を反復させる音楽である。テリー・ライリーが一九六四年につくった「In C」はハ長調で拍子指示と小節区分のない一定等拍のCの音をあるルールの下様々な楽器で鳴らし続けるものである。ここには強拍という概念はない。このリズムは建築同様の均質なリズムである。

図6-14 「金閣寺」 京都 1397建立

図6-15 「コロッセウム」 ローマ 72起工

不均質なリズム

一つの音楽の中に複数のリズムが混在する場合がある。クラシック音楽は楽章によってリズムがまるで変わる。またいくつかの異なるリズムが同時に流れるポリリズムという音楽もある。Perfumeのその名も「ポリリズム」という曲があるが、これは四拍子の曲だが間奏の部分でこの四拍子のメロディーのなかにポ・リ・リ・ズ・ムという五つの音（言葉）が歌われる。だから拍子のまとまりと音（言葉）のまとまりがズレていく。よって四と五の最小公倍数である二十拍五小節でズレが戻るという仕組みになっている。

ここまでの拍子は拍の間が等間隔であることが原則だが、雅楽はこの間隔が同じではない場合がある。例えば能の謡は七五調の言葉を四分の四拍子を基本として歌うが、拍間は一定ではなく伸縮する。

建築の中にもこういうリズムがある。例えば石上純也のＫＡＩＴ工房（図6−16）はスパンという概念がなく、柱はランダムに立っている。これは拍子の間隔が均等ではない雅楽のようなものである。ではポリリズムのように規則的にあるスパンとそれとは異なる別のスパンの柱が混在する建物はあるだろうか。青木淳の潟博物館（図6−17）は円錐を逆さにしたような形をしているので、螺旋のスロープの半径が上層に行くほど大きくなる。さらにその階高が大きくなるのでガラスを止めるサッシは風圧を考えると上に行くほど間を狭める必要が出てくる。一方最下部ではそのルールに反しサッシ間隔が中間部より狭まっている。設計者の意思が感じられる割り付けだ。ポリリズム的立

図 6-16　石上純也「KAIT工房」　神奈川　2008

図6-17　青木淳「潟博物館」　新潟　1997

面である。

4　静寂

音楽と静寂

静寂があって音は聞き取れる。そして静寂には一つの美があり、音楽は静寂の持つ美に対する音を素材とする新たな美を目指すことのなかにあると日本を代表する作曲家芥川也寸志（一九二五～一九八九）は『音楽の基礎』（岩波新書、一九七一）の中で述べた。

建築の場合も静寂を間《ま》と置き換えてみると、その通りだということになる。間というのは空気と置き換えてもいい。何もない、空気しかない場所に壁や屋根をかけることでこの空気を囲い込み、空気と物との関係をつくり出すのが建築である。音楽は先ほどの芥川の言葉をこう言い換えてもいいだろう。「音楽とは音のしない時間に音を割り込ませることで、音と静寂の関係をつくること」と。

楽譜のなかには常に休止符というものが入っている。それは音を鳴らしてはいけない記号である。楽譜のなかでこの休止符が占める時間は音の鳴っている時間に比べると少ない。しかしこの静寂があるから音が生きるのである。建築の場合、何もない空気はつくられた物の体積より多いのが普通だ。だから建築の間とは音楽の休止符とは逆の関係にあるかもしれない。しかし物と間があって初めて建築が生まれる。音と静寂があって初めて音楽が生まれるのと同じである。

そこで音楽の静寂と建築の空間が同じように表現にメリハリをつける例を考えみよう。例えば、ポルトガルの建築家ユニット、マニュエル・アイレス・マテウス（一九六三〜）とフランシスコ・アイレス・マテウス（一九六四〜）が設計したベルギーの建築学校増築（図6-18）を見てみよう。上の写真はそのエントランス部で普通はこの家型にくり抜かれた部分が建築の物でそこに入っていくイメージだが、この建物ではその物の部分が間になっている。つまり音楽的にはこの家型の部分が休止符である。そしてなかに入るとまた空間となっていそうな家型の部分がここでは物になっている（下の写真）。家の形をした物の部分とそれを取り囲む壁と天井の間に隙間としての間がある。これも休止符である。

普通の建築の音と静寂、物と間の比率が完全に逆転している。それによってこの建物の間（空間）に異様な緊張感が生まれていると言える。芥川がいうように音楽は静寂に対する音の挑戦だとするなら、マテウスの建築は間に対する、物の挑戦と見える。

図6-18 アイレス・マテウス「ベルギーの建築学校増築」 ブリュッセル 2017

どっちが主役?

音楽の場合、静寂が大事だと言っても主役は音である。音が音楽の大半を占めているのだからそう言わざるを得ない。では建築は物と間のどちらが主役なのだろうか。量的に比較すれば間が多い。そして私たちは建築のどこを使っているかと言えば間であって物を使うわけではない。しかし建築は使うためだけにあるのではない。例えば日本でも西洋でも古代の建築は、その象徴性や宗教性の方が重要だった。法隆寺の五重の塔は、仏舎利を祀るためのものである。だからそれは間を使うためのものではなく、見るためのもの、拝むためのものである。ということは、それは間に意味があるのではなく、物それ自体に意味がある。

墓の類を建築にするかどうかは異論もあろうが、墳墓は皆物に意味がある。ピラミッドも始皇帝陵も古墳もこれは中に大きな間があるわけではない。権威と永遠性の象徴としての外観の威容が重要なのである。

その後の宗教建築はどうだろうか。時代が中世、近世になれば建築はそのなかを使うことも重要になってくる。東大寺にしてもノートルダム寺院にしても、その内部空間の荘厳さに、仏や神の偉大な力を感じさせるようにつくられている。しかしそれは必ずしも内部空間だけではない。その外観にも内観と同じくらいの意味がある。

さて現代になるとどうだろうか。巨大な建築は近代より前は政治権力、宗教権力によってつくられる場合が多かった。建築=権力だったのである。しかし近代市民社会が生まれ、資本主義が生まれ、商工業が発達し、民主的な国家がつくられ始めると、建築＝権力という等式は崩れ、建築＝市民、あるいは建築＝資本と変化した。建築＝市民という等式は公共建築に当てはまるものだ。その建築は市民の税金でつくるのだから、べらぼうな無駄遣いをすることは許されない。市民の身の丈にあったものが望まれ、民主政治はそうしたものをつくる。もしその程度が等閑視されれば、市民の反対運動が起こる。他方建築＝資本の場合建築は利益を生むための道具となるのだから、これも投資と利益のバランスが保たれながらつくられる。東大寺やノートルダム寺院のような巨費を投じた建物はその見返りが約束されない限りはつくられない。

　つまりどちらの場合もそこでは「使う」ということに主眼が置かれているのであって、「見る」対象としての意味は最初にはない。だから物と間のどちらが主役かと言えば、現代では「間」が主役なのである。もちろん前項で見たようにそのバランスを逆転させることで、建築の原始の姿を彷彿とさせるデザインがあり、その意味も大きいのだが、やはり建築は音楽とはどうも逆で静寂が主役なのである。

参考書

芥川也寸志
『音楽の基礎』
岩波新書、一九七一年

本書は一九七一年に刊行され、現在は七十二刷りという驚異的なロングセラーを記録している本です。著者は本文でも紹介した、日本を代表する作曲家です。本書の最初に音楽とは静寂に音を対峙させることとあります。同様に、建築も空間に物を対峙させることだと考えることができます。本書はⅠ音楽の素材、Ⅱ音楽の原則、Ⅲ音楽の形成、Ⅳ音楽の構成という四部に分かれているところが明快です。この秩序は建築を考える時にも応用できそうです。

バイナリーコードとしての広告

7章 町に溢れる広告と建築

1　建築であること建築でないこと

建築と広告の小さな違い

広告は明治時代に誕生したと言われる。江戸時代には広告的なものが戯作の中に混じり、それが人々に伝わっていた。社会学者の北田暁大は著書『広告の誕生』（岩波書店、二〇〇〇年）の中で式亭三馬（一七七六〜一八二二）の『浮世風呂』を紹介する。そこではこんなフレーズが登場する。「是でも病身でございますがネ、本町二丁目の延寿丹と申すねり薬を持薬にたべます所為か、只今では持病も発りませず至極達者になりました…」これは戯作だから読んで楽しむような文章だが、広告的内容が十分に織り込まれている。また戯作よりもう少し広告的な引き札という手配りのビラのようなものがある。客の興味を引いて店に連れ込むものが始まりである。これも広告の要素はあるが純粋広告ではない。

明治時代になると、広告主というものが自覚的に受け手（消費者）を対象として、情報を発信するようになる。ちなみに日本初の広告代理店は、内外用達会社が一八七三年に広告取次をしたという記録がある。続いて博報堂が一八九五年に、電通の前身である日本広告株式会社が一九〇一年に誕生した。

ここに情報の送り手とそれを受ける受容者が明確となった広告という仕事（システム）が誕生する。その頃建築においても似たような現象が起こる。まず江戸時代を見てみよう。建築の設計者というものはおらず施工者（大工）が設計もしていた。そしておそらく発注者は使いながら大工に頼んで普請していた。その場合、もはや設計者と使用者の境目はない。

時代が明治になると建築は大学で教える学問となり、そこにイギリスから先生がやってきて西洋の建築のつくり方を教えて日本で最初の建築家が登場する。つまり広告同様、送り手が確立するのである。送り手は何を送るかといえば、広告が情報を送り出したのに対して、建築は建築家が情報を発信し施工者がそれを物に変えて受け手に届けるという流れとなる。

さてここまでは情報の送り手がいてそれを受け取る受け手がいるという業態の構成が建築と広告で似ているという話であるが、もう一つよく似ていることがある。それは北田が広告について述べていることである。広告は朝から晩まで至るところに存在して、すきあらばこちらの知覚の中に侵入しようとそのチャンスをうかがっているが、そう簡単に入り込むことはできない。入り込めない間はその広告は広告としての機能を発揮できていない。つまり未だ広告でない状態である。しかしこちら側がある心理状態で心に隙を見せた時、特に気散じ（気晴らし）状態になった時にふと知覚の片隅に入り込む。その時その広告は「広告」になるというのである。

この説明の広告の部分を建築に置き換えてみたらどうだろうか。全く同じように意味の通じる文章にならないだろうか。つまり建築も朝から晩まで実にたくさん、身の回りに存在しているが、その存在に気持ちが向いて「ああ建築があるな」とその存在を意識することは極めて稀だということだ。そしてある気散じ状態の時にこちらの知覚に入り込んでくる。このように広告も建築も、ある契機でオン、オフする。これを北田の言う用語でバイナリーコードと呼ぶことにしよう（バイナリーコードの原義は二進数で表したプログラムの実行形式のことである)。

この観点で唯一広告と建築が違うのは、広告は人の知覚に入り込めない間は広告ではないけれど、建築は人の知覚に入り込めなくても建築として機能しているということだ。使う人は無意識に建築を使いこなしている。機能しているのである。ただしその建築が巨大宗教建築のようなもの、権力者の館だったりすれば、それは人々にその力を誇示することが目的だから、人の知覚に入り込まなければその建築の目的は果たせていない。だから建築はその種類によって知覚に入り込めなくても建築になっていることもあればそうでないこともある。

図7-1　三越呉服店のポスター、東京アートディレクターズクラブ編『日本の広告美術――明治・大正・昭和1ポスター』美術出版社1967

地が図になる時

広告が明治時代に広告になった当初は、新聞の片隅に記事か広告か見分けがつかない状態でとりあえず商品名が少し大きなロゴで載っていた。しかしその後商業美術という概念が生まれ、広告が美術作品のように突出した視覚性を獲得するようになる(**図7-1**)。つまりそれまで新聞紙面の地の中で図になりきらず埋もれていたものが、美術品として新聞から抜け出てポスターとなって世の中に図として登場してくるのだ。送り手が広告を芸術品にしたのは、もちろん耳目を引くためである。一方建築においても、建築家に広告同様、美術品のような建築をつくる機会が現れた。すでにみたように、日本の最初の建築家の一人である辰野金吾が東京駅をつくった時、野原のような環境の中に突如現れた巨大な艦船のような建築に人々は度肝を抜かれたそうだ。それまで木造以外でそんな大きな建築は日本にはなかったのである。だから東京駅は都市空間という地の中に図として鮮烈に登場した煉瓦の塊だったのだ。

広告の図化は前項で説明したとおり、広告が広告になる一つの手段として登場した。一方建築は既述のとおり、知覚に入り込まなくても機能していれば機能としての建築は成立している。しかし繰り返しになるが、建築が機能を満たしていれば建築としての使命を全うしているかというとそんなことはない。大正初期の日本の最大の駅舎として東京駅は機能がすべてではないのである。それは日本の近代の始まりを象徴する建築として世界の人々に印象づけなければならなかった。その意味でこの時代の建物の多くは都市環境の中で図化されなければならなかったのである。送り手の目的は建築と広告でやや異なるが、その方法は同じだった。

2 変遷

ポストモダニズム

広告の世界の現在位置を見るために、その一つ前の時代、ポストモダニズムを見てみよう。建築同様に広告にもポストモダニズムの時代がある。日本大学芸術学研究所の谷口光子によれば七十年代から高度経済成長も終わった日本の広告が世界志向から日本志向に変わったという。

「一九六九年の資生堂サンオイル『二人の夏』のように外国映画の一場面のような映像美が表現されていたものが、一九七六年の資生堂クリームリンス『弓』では弓道を嗜む日本女性の様子が描かれ、一九八六年の資生堂『遠野物語』では日本の民話の世界を耽美的な映像で表現している」。またポスターの表現においても日本志向が増え、一九七八年の山口小夜子をモデルとして起用した練香水「舞」のポスター以降、日本的美を目指すものが増え、イメージCMにおける前述の「遠野物語」はカンヌ国際広告映画祭銀賞を獲得し、一九八一年のサントリーのトリスウィスキー「雨と犬」はカンヌ国際広告映画祭金賞を獲得しているが、九十年代以降のテ

図7-2 石井 和紘「清水の舞台による数寄屋」 1984

レビCMの表現においてもJR東海の「そうだ 京都、行こう。」シリーズ（一九九三〜）、サントリーの緑茶「伊右衛門」シリーズ（二〇〇四年〜）など、日本的美の映像化により好評を博して今も続くシリーズCMがある。

広告はポストモダニズム期に日本の歴史を辿ったが、建築の場合近代建築が西洋建築にすり替わってしまった経緯があるから、西洋建築の歴史を振り返ることになる。磯崎新がつくばセンタービルでミケランジェロの広場のデザインを借用したのもそうした理由からである。もちろん数少ないが日本の歴史を辿った建築家もいた。建築家の石井和紘（一九四四〜二〇一五）は磯崎新とともに日本のポストモダニズム建築を牽引した建築家だが、彼は徹底して日本の歴史的建築を引用した（図7-2）。

オルターモダン

さて谷口光子はポストモダニズムの次の傾向として、アート界の流れと広告の流れの類似性を見てキュレーターでライターのニコラ・ブリオー（一九六五〜）が二〇〇九年に行った「オルターモダン」展に注目した。それはモダニズムとポストコロニアリズムを繋ぎ、モダニズムの再構成を狙うものである。二〇〇九年はリーマンショックによる経済危機があり、環境問題、難民問題、そして二〇一〇年代に入り日本も自然災害が多発、格差は広がり、そしてコロナ禍で社会が揺さぶられる。広告もポストモダニズムの日本志向という状態のままではいられなくなる。谷口は「オルターモダンの広告はそこに映されているものそのものではなく、制作の過程や背後のナラティブの全てが作

図7-3　岡啓輔「蟻鱒鳶ル」　東京　2024

品であり、プロセスも作品であり、映像コンテンツはドキュメント（記録映像）として制作されることが多い」と言う。

建築もそこにある建築それだけではなくその裏に控えているナラティブ、プロセス、制作も含めて建築であるという傾向が生まれている。まさに広告の現在と近しい。制作のプロセスを見せるという意味で、セルフビルドというのは一つの現代的な傾向である。

例えば東京は三田のクウェート大使館などが立ち並ぶ道に建つ、コンクリート造りの《蟻鱒鳶ル（ありますとんびる）》（**図7-3**）を見てみよう。設計者はこの建物のオーナーかつ施工者である一級建築士の岡啓輔である。なんと言ってもこの建物の特徴は、着工から二十年近くもセルフビルドでつくり続けられた点である。岡は「三田のガウディ」と呼ばれているそうだ。不思議な模様がちりばめられており、何か統一的な計画があってできているように見えない。実際、設計図なしでつくり始めたという。二〇〇五年に着工してすでに二十年近い歳月が経過して二〇二四年十月にやっと完成をみたようだ。

この家は家なのかと聞かれたあるインタビューに、自分が一番好きな場所であると同時にいろんな人がやってきて語り合える場所にしたいと答えている。一般の建築が生まれるプロセスとは全く異なり、住む人が自らつくり、そして約二十年かけてやっと完成したこの家は建築というものが持っている社会的な通念を壊し、建築が社会、歴史のなかでどういうあり方であることが望ましいかを再考していると言える。

江戸時代においては設計する人と使う人の境目がわからなくなっていたと書いたが、使う人が設計して自らつくる建物は江戸時代を飛び越えて原始に遡っているのではないか。

つまり明治時代に送り手が受け手のために建築を図化したのだが、一世紀半経って送り手は受け手にもなり、そこでできる建築は図と地という問題ではなくその建築を結節点とする文脈の表示となっている。これは広告と相同的な現象であり、広告の次の一手が建築の明日を予見するようにも思う。

図7-4 「パサージュ・デ・プラン」 パリ 19世紀

3 隠された資本

儲ける建築

ドイツ出身の哲学者ヴァルター・ベンヤミン（一八九二〜一九四〇）は十九世紀から二十世紀にかけてのパリの変化を記した。第二次世界大戦が始まりベンヤミンは散逸を恐れてその草稿をパリの図書館に預けて、自らはナチに追われてスペインに亡命し、彼の地で自殺した。草稿は戦後発見されて『パサージュ論』として刊行された。

世紀の変わり目に生まれた多くの建築の中でも、ベンヤミンはガラスの屋根に覆われた小径であるパサージュについて詳述した。そして商店が並ぶパサージュの中の広告と建築を資本主義の産物として描いた（図7-4）。

世紀の変わり目の世界はパリに限らず、多くの先進国で資本主義が原動力となってドラスティックに変化した。そのなかで広告と建築は金儲けの道具として類似した役割を担ったと言えるだろう。広告は人々が物を買う契機である。もちろん市場に行って物を見て買うという行為もある。市場で農漁業の産物を買う時に広告はない。それは消費者に物を見る目があるからである。良い物と悪い物の区別がつく。

しかし家電製品や車などは「どのように動くのか」から始まって、「どのくらいの耐久性があるのか」までその外見を見たところでその能力は皆目検討がつかない。それは消費者にその物を見る目がないからである。

だから取扱説明書のような広告が登場して、その物がそれ以外の物とどう違ってどう値打ちがあるかを訴えないといけないのである。それが金儲けにつながる。

建築はと言えば、東京駅のような国家の威信をかけたものはさておき、日本も資本主義が浸透すると、経済成長していくなかで様々な建築がその立役者になっていく。日本の主産業に成長していく自動車を例に取ってみよう。それは巨大な工場でつくられていく。そして工場の目標はいかに効率よく車を生産できるかにある。繊維産業でも同じような状況が見られた。先ごろ国宝に指定された富岡製糸場は国営企業であったが、生産の効率性は当然重要であった。資本主義は国家の構造を資本の流通によって分化し、その分化に沿って、分化したものの生産に合致する建築を生んだのである。それはひとえに儲ける建築であった。世界は資本が効率よく循環する装置としての都市環境を生み出していったのである。

儲けない建築

広告は原則金儲けに繋がる行為であった。しかし昨今の広告のなかには、直接的に商品の購買を促す目的ではないものも散見される。企業イメージを宣伝するような広告である。それは企業イメージを上げてその企業の物を買ってもらうという狙いがあるのだから、究極的には金儲けだと言えないこともない。しかしその企業の倫理性を明示して巧みに企業のレゾンデートルを宣言している。政府や政党の広告などもその類である。

建築もそんなところがある。最近は日本でも公共の建築がプロポーザルとなることが多い。プロポーザルとは、建物の概要を提示して多くの建築家に案を募り、一番良いものを選定して、その案の設計者に仕事を任すという方法である。

そのプロポーザルの要項には対象の建物に求めるものを事細かに書いてある。事前に専門家がそうした議論をする。建築家やその他の専門家十人くらいでその要項を作成するチームが招集されることもある。私もそういう要項をつくったことがあるが、そこに書かれることは市民の総意であることを目指す。税金でつくるのであるから、納税者のための建築でなければならない。

するとある未来的な理想をその建物に過度に期待するというよりかは、まずは現在の社会的な問題を解決することを求めることになる。大事なのは現在、次に未来、そして過去というようなことになるのが普通である。そうして生まれた要項はどうしても玉虫色に輝いている。そしてそれに応えて提案はつくられるので、要求をすべて適度に満足する玉虫色の倫理的な案が生まれることが多いのである。

広告、建築の双方において儲けないものがこうして生まれる。儲けるものと儲けないもののどちらが正しくて人々のためで、社会のためかというのは一概には言えない。重要なのは使う人たちがそのことを自覚することである。こうやって広告や建築が生まれているというそのプロセスを見据えることである。そして意見することだと思う。

参考書

北田暁大
『広告の誕生――近代メディア文化の歴史社会学』
岩波書店二〇〇〇、岩波現代文庫二〇〇八

本書は広告の社会学的研究として、行動主義的研究（広告という刺激に対して購買者がどういう行動にでるか）、あるいは記号論的研究（広告が何を意味するかというような従来の研究）の枠組みではありません。そこから脱出して広告を広告である、広告でないというバイナリーコードとみなし、広告が広告であるという状態になる契機を社会構築的なものとみなし、送り手と受け手の関係の中にその契機を見出そうという試みです。そのバイナリーコードは建築においても存在するというのが私の仮説です。そこで建築を広告と見立ててみたらどうなるかというのが本章の話でした。

おわりに

大学の教員になったのは二〇〇五年である。その時から毎週一冊の輪読をすることにした。学部生も大学院生も区別なく年間に三〇冊、比較的面倒くさい分厚い本を読んだ。ちょうどこの年は私の最初の翻訳書『言葉と建築』が脱稿する頃で、まだ校正前の原稿を読んでもらった。分厚い『言葉と建築』を二回で読ませたのだから、かなり乱暴である。輪読の本のセレクションの半分は建築の本で半分は建築外の本であった。美学、哲学、社会学、ファッションである。その頃からファッションは必読書としていた。それにある時から音楽も入った。

その後大学が変わり輪読のやり方も少し変えた。建築と建築外の本の比率は読む側に選ばせることにして、輪読のグループを二つに分けて、建築グループとそれ以外のグループとした。建築外グループの本にはさらに歴史や批評理論も加わり、コロナの頃に自分が料理をし始めたこともあって料理の本も加わった。

私は直接輪読には加わらなかったが、本は私が読んで面白かったものから選んだ。よって本書の基礎的な知識は私が大学で行った輪読本の読書から得られたものである。建築外の本を建築の勉強のために読ませていたのは本書で説くような類推が創造的であるという知見を得たからではない。

もっと素朴に建築には建築外的思考が必要だという理由からである。
ファッションの本をたくさん読ませるせいか、研究室で裁縫を始め、装苑賞に応募する学生も数回現れた。さすがにコックになったり、音楽家になるものはいなかったが、好奇心が旺盛になって様々な挑戦をする学生が増えたのは嬉しいことである。

本書で取り上げた七つの切り口のうち、広告以外の六つをもとに執筆を始めたのは実は三年前のことだった。そしてとある出版社からその企画で書こうとした矢先に編集会議でもっと包括的な本を書くことを勧められた。それもまた楽しいと思い、この企画は大事にあたためておいた。そして改めて二年くらい前からとあるきっかけで書き始めることになった。というわけで本書の具体的な始まりは一昨年だが、内容の熟成は二〇〇五年に始まった。二十年かけてやっと収穫の時期を迎えた。皆さんに味わっていただけるようになったのはとても嬉しい。

最後にしかし最小ではなく、そんな私の興味を形にするチャンスを与えてくれた出原日向子さんには心から感謝の気持ちを伝えたい。出原さんは私の二冊目の単著『建築の条件』（LIXIL出版、二〇一七）の編集をしてくれた方でもある。とあるきっかけで再会してこのお話をしたところ興味を持ってくれた。本が生まれるのはいつも出会いからである。そのことにも感謝したい。

二〇二五年一月

4-1 © Nevit Dilmen, CC BY-SA 3.0
4-2 筆者撮影
4-3 筆者撮影
4-4 マルク＝アントワーヌ・ロージエ『建築試論』（中央公論美術出版、三宅理一訳、1986）
4-5 筆者撮影
4-6 篠原一男『住宅論』（鹿島出版会、1970）
4-7 Basile Morin, CC BY-SA 4.0
4-8 l.s.kopytov, CC BY-SA 4.0
4-10 筆者撮影
4-11 Mariordo, CC BY-SA 4.0
4-12 PMRMaeyaert, CC BY-SA 3.0
4-13 Jordy Meow, CC BY-SA 3.0
4-14 筆者撮影
4-15 Morio, CC BY-SA 3.0
5-1 Hiro-o, CC BY-SA 3.0
5-2 Vlaamse Gemeenschap, CC BY 4.0
5-4 Tomio344456, CC BY-SA 4.0
5-5 Kestrel, CC BY-SA 4.0
5-6 KishujiRapid, CC BY-SA 4.0
5-8 藤岡通夫他『建築史』増補改訂版（市谷出版社、2010）
5-9 藤岡通夫他『建築史』増補改訂版（市谷出版社、2010）
5-10 ©2025 The Andy Warhol Foundation for the Visual Arts, Inc. / Licensed by ARS, New York & JASPAR, Tokyo B0838
5-11 編集部撮影
5-12 Roland Zumbühl, CC BY-SA 3.0
5-13 ©Carl Andre / VAGA at ARS, NY / JASPAR, Tokyo 2025 B0838
5-14 提供：伊東豊雄建築設計事務所
6-1 Martin Falbisoner, CC BY-SA 4.0
6-2 Giacomo.spiller, CC BY-SA 4.0
6-3 DearEdward from New York, NY, USA, CC BY 2.0
6-4 Victor Grigas, CC BY-SA 3.0
6-5 Kakidai, CC BY-SA 4.0
6-6 Louisiana at 40: The Collection Today, Louisiana Museum of Modern Art, 1998
6-7 Kim Hansen, CC BY-SA 4.0、IMBiblio, CC BY-SA 2.0、Arquikek, CC BY-SA 4.0
6-8 Nekosuki, CC BY-SA 4.0
6-9 Steve Morgan, CC BY-SA 3.0
6-10 Susanna Bolle / Non-Event, CC BY-SA 2.0
6-11 岡田暁生『西洋音楽史「クラシックの黄昏」』（中公新書、2008）
6-12 『新建築：建築20世紀part1』（新建築社、1991）
6-13 Kamel15, CC BY-SA 3.0
6-14 DXR, CC BY-SA 4.0
6-15 Joseolgon, CC BY 4.0
6-16 Epiq, CC BY-SA 3.0
6-17 建築物紹介サイト「ARC STYLE」管理人杯裕二
6-18 ©Tim Van de Velde
7-1 北田暁大『広告の誕生』（岩波書店、2000）
7-2 撮影 新建築社写真部
7-3 岡啓輔
7-4 Moonik, CC BY-SA 3.0

図版クレジット

1-4 Leyo, CC BY-SA 3.0 CH
1-5 Nux-vomica 1007, CC BY-SA 4.0
1-6 Jllm06, CC BY-SA 3.0
1-7 玉村豊男『料理の正四面体』(中公文庫、2010)
1-9 z tanuki, CC BY 3.0
1-10 한산도 수산, CC BY 2.5
1-11 撮影:Adrian Forty
1-12 小大建築設計事務所
1-13 撮影:袴田喜夫
1-14 jetalone, CC BY 2.0
1-15 Alexandr3126, CC BY-SA 4.0
1-16 撮影:能作文徳、作図:大村聡一郎
1-17 girakku, CC0
1-18 撮影:太田拓実、http://schemata.jp/sayama-flat/
1-19 https://www.toshiseibi.metro.tokyo.lg.jp/bunyabetsu/bosai/pdf/shuto_01.pdf
1-20 提供:ボランタリー・アーキテクツ・ネットワーク
2-1 User:Shakko, CC BY-SA 3.0
2-2 エドモンド・シャルル・ルー『シャネルの生涯とその時代』(秦 早穂子訳、鎌倉書房、1990)
2-3 J・アンダーソン・ブラック+マッジ・ガーランド『ファッションの歴史』下(山内沙織訳、PARCO出版、2006)
2-4 エイドリアン・フォーティ『言葉と建築』(坂牛卓ほか訳、鹿島出版会、2006)
2-5 マーク・ウィグリー『白い壁』(坂牛卓+辺見浩久訳、鹿島出版会、2021)
2-6 マーク・ウィグリー『白い壁』(坂牛卓+辺見浩久訳、鹿島出版会、2021)
2-7 ©ANREALAGE
2-8 ©SANAA
2-9 筆者撮影
2-10 ©SANAA
2-11 ©DAICI ANO
2-12 ©京都服飾文化研究財団、田中宏氏(ジャケット、パンツ)、小山寿美代氏(ドレス)寄贈、畠山崇撮影
2-13 ©junya.ishigami+associates
2-14 アトリエ・アンド・アイ
2-16 川崎璃乃
3-1 Carl W. Condit, *The Chicago School of Architecture: A History of Commercial and Public Building in the Chicago Area*, University of Chicago Press, 1964
3-4 Robert Frank, *The Americans*, APERTURE, 2024
3-5 jeanbaptisteparis from Cambridge, MA, USA, CC BY-SA 2.0
3-6 Yuichi, CC BY-SA 2.0
3-7 https://www.moorerubleyudell.com/project/st-matthews-parish-church/
3-10 Nicholas.iyadurai, CC BY-SA 4.0
3-11 提供:飯田市美術博物館
3-12 kanesue, CC BY 3.0
3-13 courtesy of Zaha Hadid Foundation
3-14 melvil, CC BY-SA 4.0
3-15 Diliff, CC BY-SA 3.0

著者について

坂牛卓（さかうし・たく）

1959年東京都生まれ。米カリフォルニア大学ロサンゼルス校大学院修了。東京工業大学大学院修了。博士（工学）。日建設計、信州大学工学部教授を経て、東京理科大学工学部建築学科教授。O.F.D.A.associates主宰。

主な作品に「長野県信用組合本社ビル」「するが幼稚園」「リーテム東京工場」（第4回芦原義信賞）「松ノ木のあるギャラリー」（インターナショナル・アーキテクチャー・アワード2015）「運動と風景」（SD賞2017）など。

著書に『建築の条件』（LIXIL出版、2017）、『建築の設計力』（彰国社、2020）、『会社を辞めて建築家になった』（フリックスタジオ、2023）、『教養としての建築入門』（中公新書、2023）、『〈世界〉としての窓』（平瀬有人と共著、早稲田新書、2024）。共訳書に『言葉と建築』（エイドリアン・フォーティー、鹿島出版会、2005）、『みんなの都市』（オサム・オカムラ、鹿島出版会、2024）。編著に『建築スタディ　発想の方法』（学芸出版社、2024）など。

建築《けんちく》を見《み》る技術《ぎじゅつ》

2025年2月25日　初版

著　者　坂牛卓
発行者　株式会社晶文社
東京都千代田区神田神保町1-11
〒101-0051
電話　03-3518-4940（代表）・4942（編集）
URL　https://www.shobunsha.co.jp
印刷・製本　中央精版印刷株式会社

ISBN978-4-7949-7462-4 Printed in Japan

和室礼讃——「ふるまい」の空間学

松村秀一 稲葉信子 上西明 内田青蔵
桐谷邦夫 藤田盟児 編
日本建築和室の世界遺産的価値研究会 著

かつてはあたりまえに存在した和室はいまや絶滅危惧種である。和室と一概に言っても、なにが和室なのか？　和室を構成する条件はなにか？　という問いに答えられる者は少ない。本書は寺社仏閣や茶室、あるいは昭和の日本映画といったビジュアルをてがかりに、和室での「ふるまい」に着目し、日本ならではの空間の特質を明らかにする。

増補版 戦争と建築

五十嵐太郎

この不穏な時代、建築と都市はどこへ向かうのか。そもそも、これらは戦争といかにかかわってきたのだろう。建築は常に戦争に巻き込まれてきた。ならば、破壊と再生・防御の歴史を見つめ直すことは、建築のまだ見ぬ可能性につながるはずだ。ルネサンス要塞建築のデザイン。知恵を絞った第二次世界大戦下の建物偽装例。震災と空襲をへた東京の変貌。戦争による技術革新と、B・フラーやイームズ夫妻の関係。街頭の監視カメラと防犯事情に、オウム施設と朝鮮半島非武装地帯。そして、NYグランド・ゼロの開発……。
2003年に刊行され大きな話題を呼んだ1冊に、ウクライナ侵攻と9・11の受容についての新たな書き下ろし2篇を加えた増補版。

超インテリアの思考

山本想太郎

住環境への素朴な疑問から、インテリア、建築、都市の未来を考える。
「家づくり」が専門化されることでブラックボックス化されてしまった現代において、「建築」という専門領域と「生活」をつなぐ大気圏としてのインテリア＝「超インテリア」という概念のもとに、日本の生活空間、そして都市の姿を新たに提案する。

フェミニスト・シティ

レスリー・カーン　東辻賢治郎 訳

男性基準で計画された都市で、女性たちはどう生きのびるか。これからの都市は、あらゆるジェンダーに向けて作られなければならない。多くの公共スペースは女性のために設計されておらず、母親、労働者、介護者として生活する女性たちに不自由を強いてきた。ヨーロッパでは街を歩くだけで売春婦と思われた時代があり、現代においても危険な夜道は解決されない問題として残っている。フェミニズムを建築的に展開させた本書が、世界を作り出す新しい力になるだろう。

障害の家と自由な身体
——リハビリとアートを巡る７つの対話

大崎晴地 編

バリアフリーは「障害者」を「健常者」に合わせる考え方だが、社会の均質化につながるのではないか。本当のゆたかさは「障害」の側にあるのではないか。そうした意識から、アーティストである大崎晴地は、障害そのものを建築的に考える《障害の家》プロジェクトを進めてきた。三度の展示を経て、建設に向けた計画が始まっている。本書はこれまでの展示と連動して行なわれた対談・座談の記録集であり、「障害」「家」「リハビリ」「アート」を多角的に考えるための一冊である。「障害」が、真のゆたかさと自由につながる。
哲学／精神医学／建築／アートを横断しながら、障害を考える対話集。